新・心理学の基礎を学ぶ

編著
中里 至正
松井 洋
中村 真

坪井 寿子
眞榮城 和美
永房 典之
鈴木 公啓
三浦 正樹
西迫 成一郎
伊藤 嘉奈子
瀬尾 直久
堀内 勝夫
石井 隆之

八千代出版

執筆分担（掲載順）

中里　至正	第1章
坪井　寿子	第2章
中村　　真	第3章、第8章
眞榮城和美	第4章
永房　典之	第5章第1節、第2節
鈴木　公啓	第5章第3節、第4節
松井　　洋	第6章、第10章
三浦　正樹	第7章
西迫成一郎	第9章
伊藤嘉奈子	第11章
瀬尾　直久	第12章第1節
堀内　勝夫	第12章第2節
石井　隆之	第12章第3節

はしがき

　この本は、2006年の2月に初版として出版された「心理学の基礎を学ぶ」の改訂版である。
　今回の改訂版もその基本的な目的は初版の時と同じである。すなわち、今回も初めて心理学を学ぶ人たちのために、科学としての心理学の基本的な考え方や事実を正しく知ってもらうことを主要な目的としている。さらにいえば、心理学の最先端の研究を紹介するというよりも、初心者に必要な心理学的事実を選んでわかりやすく解説するという基本的なスタンスも変わっていない。
　それでは、なぜ改訂版の作成を試みたのか。それは時間の経過に伴う情勢の変化である。この本は、初版以来すでに6、7年が過ぎている。当然のことながら、時間が立てば、心理学の進化に伴って、この種の入門書で紹介したほうがよいと思われる情報や資料も変化する。より有益な入門書にするためには、それらの「変化」を積極的に取り入れる必要がある。
　さらにいうならば、初版を大学等でテキストブックとして用いていて、よりわかりやすくするためには修正したほうがよいと思われる個所がいくつか見出された。もちろん、それらの修正はこの種の入門書には不可欠である。
　このようないくつかの問題を解決して、初版よりも「よりわかりやすく、より役立つ心理学の入門書」の作成を試みる、というのが今回の出版の主たる目的である。
　この本の著者は、今回も大学で心理学の入門的な講義を担当している新進気鋭の研究者たちである。彼らのこれまでの経験が、今回の改訂版作成に大いに貢献していることは確かである。このことを、この本を用いて心理学を学ぶ初心者に実感していただければ幸いである。
　なお、今回の改訂版の企画と刊行にあたっては、八千代出版の大野俊郎社

長と同社編集員の御堂真志さんに一方ならぬお世話をいただいた。ここに深く感謝の意を表する次第である。

2013年2月吉日

中里至正
松井　洋
中村　真

目　　次

はしがき　i

第 1 章　こころの不思議（歴史と方法）――――――――1
1　心理学が目指すこと　1
2　心理学の歩み　3
3　心理学の研究領域　9
4　心理学の研究方法　13

第 2 章　ものを見るしくみ（知覚）――――――――17
1　人の認識の仕方を知ること――「見る」ことを中心に　17
2　色を見る　20
3　形を見る　23
4　空間を見る　26
5　世界を見る　29
6　知覚心理学の広がりと「見る」働き　31

第 3 章　人を行動にかりたてるもの（動機づけ）――――――――35
1　動機づけの心理学を学ぶ意義　35
2　行動の理由　36
3　欲求・動機の種類　38
4　行動が行き詰まる時　43
5　情　動　47

第 4 章　人のなりたち（発達）――――――――53
1　人のなりたちとは　53
2　人のなりたちを促すもの　54
3　赤ちゃんのこころ　58
4　子どものこころ　61
5　若者のこころ　65

6 大人のこころ　70
7 老人のこころ　72

第5章　その人らしさ（パーソナリティ） ―――77
1 その人らしさとは　77
2 パーソナリティの形成　80
3 パーソナリティに関する諸理論　85
4 パーソナリティの測定法　90

第6章　経験を通して学ぶ（学習） ―――95
1 学び方を知る　95
2 情緒の学習　98
3 行動の学習　103
4 社会における学習　110
5 技をみがく　112

第7章　覚える、考える（記憶と思考） ―――115
1 人の考え方を学ぶこと　115
2 覚　え　る　117
3 考えるしくみ　122
4 かしこさとは　128

第8章　自分と他人を知る（社会的認知） ―――133
1 自分と他人を知るとは？――社会心理学の意義と効用　133
2 他人を知る――対人認知　135
3 他人の見方の一貫性とゆがみ
　　　　　　　　――態度とステレオタイプ・偏見　138
4 人を好きになる――対人魅力　143
5 自分を知る――自己　145

第9章　人と関わる（集団） ―――151
1 人と関わるとは　151
2 集　　　団　152

3　リーダーシップ　　155
　　4　人からの影響　　160

第10章　行動のトラブル（非行・犯罪）　　169
　　1　行動のトラブルとは　　169
　　2　犯　　罪　　170
　　3　非　　行　　174
　　4　いじめ　　176
　　5　犯罪につながる人の攻撃性　　179
　　6　犯罪を抑える力　　181
　　7　不　登　校　　185
　　8　ひきこもり　　186
　　9　日本の若者の問題　　187

第11章　こころの病とその癒し（心理療法）　　191
　　1　こころの病とは　　191
　　2　カウンセリングとは　　196
　　3　さまざまな心理療法　　201

第12章　心理学を役立てる　　207
　　1　日常生活と心理学　　207
　　2　心理学が活かせる仕事　　211
　　3　心理学に関わる資格　　217

人名索引　　230
事項索引　　233

第 1 章

こころの不思議（歴史と方法）

1　心理学が目指すこと

　クローン人間ならいざ知らず、私たちはみな違った顔をしている。身体つきもそうである。誰1人同じ顔、同じ身体の人はいない。人が違えばものの考え方や態度、さらに行動の仕方も異なっている。なぜだろうか。どうして私たちはこんなに違っているのだろうか。

　しかし一方では、私たちは人と似たような行動をする。たとえば「流行」という現象を考えてもらいたい。かなり多くの若者がみな同じような服装をしたり、同じような持ち物を持ったりする。また、オリンピックなどでは、これも多くの人が日本の選手が勝てば大喜びをする。これは日本人の多くが同じような気持ちになっているためであろう。なぜだろうか。どうして私たちは人と似たような考え方をしたり、同じような行動をするのだろうか。

　このような非常に複雑な人の気持ちや考え方、またその結果として生起する行動を科学的に理解しようとする学問が心理学である。ここでいう「科学的」という意味は、常に客観的なデータによって事実を立証し、そしてその事実に至る経過を論理的に説明しなければならないということである。したがって、その研究の対象が何であれ、心理学にはこのような方法論的な厳しい制約が常に伴っているということになる。

　心理学では、この「厳しい制約」があるために、たとえばある事件が起き

た時でも、その原因を簡単に解説することなどはできないことになる。というのは、そのための実証的な証明が必要となるからである。すぐに「答え」の出ない心理学を、期待はずれと非難する人もいるだろうが、「憶測」で物事をいわないというのが、心理学の基本的な立場である。

憶測を心理学から除外して、実証された事実のみによって発言するという心理学には、大きなアドバンテージがある。それはデータの国際性である。研究の手続きと結果が明確な日本のデータは、そのままどこの国の研究者でも用いることができる。このことによって、心理学の国際的な共同研究が可能になるのである。地球が限りなく「狭く」なってきている現在、心理学の国際共同研究の必要性は今後ますます高まるものと思われる。

また、心理学は、広く人の行動を研究の対象としているので、当然のことながら隣接する科学との関係も深い。たとえば、生理学、行動生物学、精神医学、社会学、文化人類学、犯罪学、経営学などなどと心理学は密接な関連を持っている。これらの隣接科学の研究者との共同研究を可能にするのも、お互いに実証的なデータがあればこそ、ということになる。

このように述べていると、心理学は「堅苦しい」学問のように思えるかもしれない。しかし、そんなことはない。確かに研究の方法については制約があるが、この制約さえ守れば、後は何をやってもよいというぐらい心理学の研究対象は広い。後述するが、科学的心理学の歴史はまだ100年程度である。まだまだ心理学が解明しなければならない研究課題は山積している。

加えて、他の隣接科学でも同じと思われるが、何か新しい心理学的事実を発見すると、それと関連してその何倍もの知らなかった事実も「発見」される。それほど、人の行動は複雑なのである。とても100年ぐらいでは、心理学は人の行動について、知っていることよりも知らないことのほうが多いといっても過言ではないと思う。この意味で心理学は、まだまだこれからの若い学問であるといえるだろう。

第1章　こころの不思議（歴史と方法）

2　心理学の歩み

　人間が人間に興味を持つということは、極めて自然のことと思われる。とすれば、古代エジプトでも、古代中国でもそのような学者が存在していたのではないかと思われるが、心理学の歴史を述べている教科書などを見ると、どれを調べても心理学的内容の著書を公にしたのは、紀元前4世紀頃の古代ギリシャのアリストテレス（Aristoteles, B. C. 384-322）が最初であるということになっている。多分、古代エジプトとか古代中国の「精神」を研究した学者の出版物が現存していないことがそうしているものと思われる。

　その後、しばらく経って、16世紀から17世紀に、哲学者が人の「精神」を問題にして論じたといわれている。このことは、アリストテレス以来、約1000年の間にわたる心理学の空白期があったということにもなる。その真偽はともかくとして、その後心理学は19世紀に入って、自然科学の急激な発展と共に大きく変化することになる。

　周知のように、18世紀の後半にイギリスで繊維産業を中心とする産業革命が始まった。新しい動力である蒸気機関が開発されたことによって、繊維産業だけでなく、その動力を製造する機械工業、その機械の原料である鉄を精錬する鉄鋼業も、手工業から機械を使う大工場へと飛躍的に発展したのである。19世紀に入ると、機械技術はさらに向上して、蒸気機関車が作られ鉄道輸送が飛躍的に発展することになった。

　このような時代の変化は、見方を変えると、この時期に自然科学全盛の時代に入ったということになる。当然のことながら、この時代的変化は他の自然科学にも波及効果を及ぼした。脳や神経を研究した生理学や、生物学に基づくダーウィン（C. Darwin, 1809-1882）の進化論もこの時代に大きく発展したといわれている。また、条件反射の研究で有名なロシアの生理学者のパヴロフ（I. P. Pavlov, 1849-1936）も、19世紀後半に活躍し、その業績でノーベル賞を得たのは1904年のことだったという。

　心理学がこの時代の影響を受けないはずはない。心理学も、自然科学の研

究法、つまり、客観的に検証可能な事実に基づいて、原因と結果との関係を論理的に確かめていく、という研究法をとるようになった。このことは、心理学がこの時期を契機として、以前の「哲学的心理学」から、「科学的心理学」へと脱皮していったということになる。

　科学的な研究法を用いるようになってからの心理学は、いくつかの理論的な論争を経て現在に至っている。その変遷の歴史をたどれば以下のように要約することができるだろう。

1　意識心理学

　自然科学は、人間の主観的な判断を避けて、物理的な変化をもって「事実」を確認する。しかし、心理学の場合は、人の判断を避けては通れない。それでは、心理学は「科学」になりえないのだろうか。

　ドイツの心理学者であるヴント（W. M. Wundt, 1832-1920）は、19世紀の後半に、人の「意識」を事実として扱い、それをもとにして科学的心理学を構築できると考えた。問題は、意識をどのようにとらえるかということである。彼のとった手法は、被験者にある刺激、たとえば錯視図形を見せ、それを被験者はどのように見えたかを報告させるというものであった。そしてその報告、つまり被験者の経験を「事実」の原点とするのである。このようなデータの集め方を「内観法」という。

　彼は内観法によって得た結果を基にして、人の意識の過程を分析しようとした。そして、その意識過程は、いくつかの独立した要素からなりたっていると仮定して、その要素、つまり意識の原点を見出そうとしたのである。

　この考えに基づいて研究を進めた彼は、1879年にドイツのライプチッヒ大学に初めての心理学実験室を創設し、そこには若き心理学徒が集まったといわれている。

2　行動主義心理学・新行動主義心理学

　内観法による意識を中心とした心理学に強烈な異議を唱えたのが、アメリ

カの心理学者のワトソン（J. B. Watson, 1878-1958）である。彼は、内観法で測定された意識は主観的であって、科学的な心理学が求める客観的な事実にはなりえないと主張した。パヴロフの条件反射の実験の影響を強く受けた彼は、心理学が扱うべき事実は、厳密に統制された刺激とそれに対する被験者の反応だけであるとした。いわゆる行動主義心理学の台頭である。ここでいう反応とは、筋肉や腺の活動を含む全体的な行動の総体である。このような彼の考え方は、刺激（stimulus）と反応（response）との関係を強調しているので刺激－反応説（S－R理論）と呼ばれた。

その後まもなくして、ワトソンの基本的な考え方は認めつつも、その考え方は単純に過ぎるのではないかという批判が出てきた。たとえば、お腹が空いている時と、空いていない時とでは、同じ刺激に対する反応が違うだろう、というのである。つまり、ワトソンの考え方には「人、もしくは動物を含む有機体（organism）の"状態"が抜けている」ので現実的ではないというのである。このような主張によって台頭したのが、新行動主義心理学と呼ばれる学説である。この学説を図化すると（S〈刺激〉－O〈有機体〉－R〈反応〉）となり、S－O－R説とも呼ばれている。

この立場の代表的な心理学者の1人であるアメリカのハル（C. L. Hull, 1884-1952）は、Oのところにたとえば動因（被験体の飢えや渇きの状態など）を入れるとか、また、トールマン（E. C. Tolman, 1886-1959）は認知地図（その人の考え方）を入れるなどした。つまり、この立場の研究者たちは、有機体側の条件を重視したのである。

同じ新行動主義心理学と呼ばれている研究者でも、刺激と反応の関係のみを重視し、Oの部分、つまり媒介変数を入れないで研究を続けた人もいる。それがアメリカの著名な心理学者のスキナー（B. F. Skinner, 1904-1990）である。

スキナーの立場は図式的にはワトソンと同じであるが、そこには決定的な違いがある。それは彼が重視した「反応」である。ワトソンの場合は、前述のようにパヴロフの影響を強く受けているので、そこで重視された反応は刺

激によって誘発される反応である。これに対してスキナーが最も重視した反応は、被験者が自ら行なう自発的な反応である。刺激に着目するよりも、個体の反応の「自発性」を重視したところにスキナーの独自性がある。

以上のように、行動主義心理学の人たちの興味の中心は、「行動」であり、その科学的な研究方法を確立するところにあったということになる。彼らの功績は、行動の形成についての知見を私たちに数多く提供してくれたことである。

3　ゲシュタルト心理学（形態心理学）

アメリカで行動主義心理学の考え方による研究が盛んに行なわれていたちょうどその頃、それとはまったく異なる心理学が、ドイツの研究者であるウェルトハイマー（M. Wertheimer, 1880-1943）、コフカ（K. Koffka, 1886-1941）、ケーラー（W. Köhler, 1887-1967）、レヴィン（K. Lewin, 1890-1947）などによって行なわれていた。それがゲシュタルト心理学である。彼らはゲシュタルト心理学の創設者といわれている。

この学派は、前述のヴントがいう「意識」を原点とする心理学を否定した。ヴントは内観法によって得られた結果から、人の意識過程を決定する原点である要素を見出して、それらの要素同士の結合によって人の行動は決められていると考えていた。ここでいう要素は、自然科学のいう分子とか原子のような、独立にして不変なものとして考えられていたのである。この考え方は、極めて自然科学的で、別の言い方をすれば、1プラス1は2であって、それぞれの1は独立であって不変である、したがって2という答えは不変であるということになる。しかし人の心理的な事象はそんな単純なことではない、というのがゲシュタルト心理学の主張である。

彼らは、1プラス1は2とは限らず、それ以上であるかも知れないし、それ以下であるかも知れないというのである。たとえば、電車の踏み切りにある警報機を想像していただきたい。電車が近づくと2つの赤ランプがカンカンと音をたてて点滅しているだろう。この時、赤ランプはそれ自体が動いて

第1章 こころの不思議（歴史と方法）

いないのに左右、もしくは上下に動いて見える。この動いて見えるという現象を説明するのに、赤ランプを1つずついくら検討してもその答えは出てこない。つまり、この現象（仮現運動）は、1プラス1以上の何かが起こって発現したのである。確かに、このような運動知覚は、刺激の全体的構造、もしくは形態（ゲシュタルト）を考えずに、要素という部分だけの検討では答えが出ないことは自明である。

このような、刺激の集合が全体として個々の刺激以上の力を持つ、という考え方は、知覚現象だけでなく私たちの日常の社会行動にも適用される。私たちが1人でいる時と、友達と一緒にいる時とでは行動の仕方が違うだろう。この違いを説明する時、1人をいくら調べてもわからない。その時の集団全体の影響、もしくは集団からの圧力のあり方を調べることによって初めて、集団にいる時の個人の行動の変化の理由を知ることができる。ここでも私たちの行動は1＋1＝2以上の、もしくはそれ以下の何かが起こっているのである。

ゲシュタルト心理学は、その説得性のゆえに後の心理学に多大な影響を与えて現在に至っている。

4　精神分析学

前述のような心理学の諸学説は、心を病んでいない人たちを研究対象としていた。これに対して、神経症の患者を研究の対象として、こころの病に至った原因を追究してその治療法を開発することを目的とした学派がある。これを精神分析学派という。この精神分析学を創始したのが、精神科医のフロイト（S. Freud, 1856-1939）であった。

彼は、神経症の患者は自分がかかっているこころの病の本当の原因を知らない、ということに着目した。極めて正常であったものが、そうではなくなったことには必ず理由がある。その理由、もしくは原因がわからなければ、それをもとに戻す、つまり治療することはできないと考えた。彼は、結果には必ず原因があると考える自然科学者であったのである。

フロイトは、人間は誰でも無意識の世界と意識の世界を持っていて、それらの対立関係の中で日常の行動をしていると考えた。ここでいう無意識の世界の原動力は、世の中の善悪のしきたりとは関係なく、自分のやりたいことはやりたいと思う衝動である。この衝動をフロイトはイドと呼んで、それは快楽原理に支えられているとした。彼は、イドを支えているエネルギーとして、性的エネルギー（リビドー）を想定したので、後にこのことについての論争が起きる原因となった。

　一方、意識の世界の原動力は、世の中の善悪を判断し、それに従うという欲求である。フロイトはこれを自我（エゴ）と呼び、現実原理によってコントロールされているとした。

　当然のことであるが、世の中のしきたりを無視して自分の欲求を優先させたいというイドと、その反対に世の中のしきたりに従うという欲求（エゴ）との間には葛藤が生じることになる。そこでフロイトは、無意識と意識の間の葛藤を調整する役割を果たすスーパーエゴ（超自我）という概念を想定した。スーパーエゴの調整によって、私たちは日常の生活事態で、その社会に適応的な安定した行動ができるようになるのである。このようなスーパーエゴの役割に着目して、これを良心とか道徳心と呼ぶ人もいる。

　以上のことから明らかなように、フロイトは対立する無意識と意識、そしてその調停役としての超自我という3つの基本的概念を設定して、神経症の治療にあたろうとしたのである。

　間もなく、このようなフロイトの考え方について、非科学的であるとか、リビドーを重視しすぎるとかという批判がでる。たとえば、アドラー（A. Adler, 1870-1937）は、無意識の世界の重要性を認めフロイトの協力者であったが、やがてフロイトの性欲説に反対し、性欲の代わりに社会的関係によって生じる劣等感を無意識のエネルギーとして強調するようになる。また同じくフロイトの協力者であったユング（C. G. Jung, 1875-1961）も、フロイトの極端な無意識重視説と性欲説に異議を唱えるようになる。彼は無意識の重要性は認めながらも、人の心は無意識と意識が対立するものではなく、それら

はお互いにバランスをとっているものと考えた。

　無意識の重要性を強調する精神分析学は、前述の意識を基本としたウントの意識心理学に強烈なインパクトを与えることになる。特に人間を研究の対象とするパーソナリティ心理学とか臨床心理学は、精神分析学的な考え方を取り入れて、その後大きく発展し現在に至っている。

　今までのところで、心理学の代表的な4つの学説を中心として、簡単に心理学の歴史をたどってきた。それでは、最近の心理学はどのようになっているのだろうか。

　少なくともこの20年、心理学では前述のような大きな学説は出現していない。心理学は今、限りなく細分化するという過程をたどっている。人間の行動は限りなく複雑であるということがこの理由になるのだろうか。この意味での複雑さが、必然的に心理学を隣接科学との接近を余儀なくさせることになる。当然のことながら、心理学の横の幅が広がれば広がるほど、縦の深さは浅くなる。つまり、人の行動についての総合的で一貫性のある理論を構築しにくくなっているのである。

　しかし、近い将来には、「心理学が知りたいこと」、もしくは「しなければならないこと」が整理されて、必ずや人の行動に関するいくつかの「総合理論」が出現するものと思われる。そしてその時は、100年前と同様に、活発で有意義な心理学の理論的な論争が生じることになるだろう。

3　心理学の研究領域

　心理学は、広く人の行動を研究の対象としているので、必然的にその研究の幅は広くなっている。現実に行なわれている心理学の研究分野については、いろいろな分類の仕方があるが、ここでは基本的に加藤義明（1987）の分類を参考にする。表1-1を参照されたい。加えて、最近の心理学の研究分野を分類することの難しさ、もしくは複雑さにも触れることにしたい。

表 1-1　心理学の分類（加藤、1987）

基礎心理学	正常心理学	個人心理学	人間心理学	一般心理学 (成人心理学)	感覚・知覚・感情 欲求・学習・記憶 思考・言語
				人格心理学 (差異心理学)	知能心理学
					性格心理学
				発達心理学	乳児心理学 幼児心理学 児童心理学 青年心理学 老年心理学
			動物心理学		
		社会心理学	グループ・ダイナミックス 民族心理学 文化心理学		
	異常心理学				
応用心理学	教育心理学　経営心理学　交通心理学　宗教心理学　芸術心理学 臨床心理学　軍事心理学　災害心理学　看護心理学　広告心理学 産業心理学　職業心理学　カウンセリング　音楽心理学　恋愛心理学 犯罪心理学　法廷心理学　人間工学　政治心理学　体育心理学 経済心理学				

　心理学の研究分野を大別すると、行動の一般法則を追究している「基礎心理学」と、そこで得た法則や知識に基づいて現実の問題を解決しようとする「応用心理学」に二分される。

　基礎心理学はさらに、その研究の対象によって「正常心理学」と「異常心理学」に分けられる。「正常心理学」は、個人を研究対象とする「知覚心理学」、「学習心理学」、「性格心理学」、「認知心理学」、「言語心理学」などと、集団の行動を研究対象とする「社会心理学」に分類される。社会心理学では、集団の中に入ると変化する私たちの行動を研究の対象とするグループ・ダイナミックスに関する研究、リーダーシップに関する研究、対人関係に関する研究、偏見や流行に関する研究、文化によって異なる考え方や行動に関する研究などが行なわれている。

　「異常心理学」と呼ばれている分野は、行動的にも、人格的にも何らかの障害を持った人たちを研究の対象とする心理学である。そこでは、異常の原

第1章 こころの不思議（歴史と方法）

因やその治療法を理論的に解明することが主要な研究目標となっている。しかし、最近では「精神病理学」として分類されることもある。

一方、応用心理学の研究分野はその幅が非常に広い。この理由は、心理学が私たちの日常の生活と密接に関係しているために、各方面からの心理学的知見が求められているからである。具体的に応用心理学の研究分野のいくつかを挙げれば以下のようになる。

教育と関係する心理学的な問題を研究の対象とする「教育心理学」、不適応やノイローゼに対処するためのカウンセリング手法や、治療効果の測定などを研究する「臨床心理学」、非行や犯罪の防止とその対策、さらに矯正教育の問題を取り扱う「犯罪（非行）心理学」、人事管理や従業員のモラール（やる気）、効果的な生産管理の仕方などを研究する「産業心理学」、企業の広告効果などを主たる研究対象とする「広告心理学」、災害時の安全対策のために避難計画や安全な避難行動についての研究を主たる目的とする「災害心理学」などが、代表的な応用心理学といえるだろう。これ以外にも、「宗教心理学」、「経営心理学」、「体育心理学」、「芸術心理学」などなど、社会の要求に応じて研究されている応用心理学の分野は非常に多い。

また、「基礎」とか「応用」とかという枠を超えて「発達」という側面を研究課題としている心理学がある。それが「発達心理学」である。そこでは、加齢によって変化する人の行動や意識・態度、人間関係などについて、乳児心理学、幼児心理学、児童心理学、青年心理学、老年心理学というようなタイトルで研究が行なわれている。

さらに最近では、「基礎」とか「応用」という分類の枠を超えて行なわれる心理学的研究が多くなってきている。たとえば、愛他意識（思いやり意識）に関する研究がそうである。愛他意識の形成ということを考えれば、それは基礎心理学である学習心理学、また人に特有な行動傾向ということを考えれば、これも基礎心理学である人格心理学の「知恵」が必要となる。同時に、日常の生活との関連で考えれば、愛他意識の研究は犯罪心理学、教育心理学、道徳心理学などの知識を必要とする。さらに、加齢による愛他意識の変化と

いうことを考えれば、発達心理学からの知見も必要となるだろう。

　さらにいうならば、愛他意識の形成過程を研究していると、従来の基礎心理学である学習心理学では扱われていなかった新しい要因、たとえば共感性の関与がその形成に重要な役割を果たしているということがわかってくる。そしてその共感性が重要であることの裏づけは、たとえば非行心理学によって確かめられたとする。とすれば、愛他意識の研究を進めていくためには、従来の基礎心理学だけでも、また応用心理学だけでも不十分で、その「混合」が必要であるということになる。

　このようなことは、比較文化心理学においても起こっている。錯視図形（たとえばミュラー・リヤーの錯視）を見せた時、民族によってその錯視量が異なるということがわかっている。この理由を説明する時、基礎心理学である従来の知覚心理学からは「答え」が出ない。現在のところまだ確実な答えはないが、この説明として、ごく幼い時から異なる自然環境、社会環境、教育環境などが錯視量の違いを生じさせている、といわれている。

　錯視現象は元来、知覚心理学の研究課題である。また、広い意味での環境と人との関わりの問題は、応用心理学の得意分野である。このことから明らかなように、基礎心理学と応用心理学の枠を超えなければ、民族による錯視量の違いについての解明は難しいということがわかるだろう。「基礎」から「応用」に、「応用」から「基礎」へと心理学的事実に関する情報が交錯しなければ、この問題に関する回答は得られないのである。

　このように、心理学の必然的な研究分野の拡大化によって、従来の「基礎心理学」と「応用心理学」という二分法は、その境界線があいまいになってきている。これは、心理学的研究というのは、心理学の研究分野によって規定されるものではなく、何を知りたいかという研究課題によって規定されるものだからである。このような理由から、近い将来には、第3のカテゴリー、たとえば「総合心理学」というようなジャンルが加わる可能性が十分にあるものと予想される。

第1章 こころの不思議（歴史と方法）

4 心理学の研究方法

　すでに述べたように、心理学は客観的な事実に基づいて理論を構成していく学問である。したがって、心理学では、どのような方法で事実を確かめるかということに神経を使っている。

　現在の心理学が用いている研究方法は、大別して3つにまとめることができるだろう。それらは、実験法、調査法、テスト法の3つである。

　これらの3つの研究方法に加えて、観察法という方法もよく用いられている。しかし、この方法は、どうしても観察者の主観が入り込む余地が多いので、安易に用いると結果の客観性という意味で問題が残る。

　もちろん、観察法には利点がある。それは、熟達した観察者は、実験や調査では知りえない人の気持ちを見抜くことができるということである。この利点を心理学で用いない手はない。心理学が重視しているデータの客観性に耐える新しい手法による「観察法」が、近い将来に確立されることが期待されている。

　以下のところで、現在の主要な3つの研究方法について、その特徴や実例についての簡単な説明を試みることにしたい。

1　実　験　法

　実験法とは、実験者が刺激や被験者の状態などを人為的にコントロールして、被験者の反応を測定するという方法である。たとえば、被験者に錯視図形を提示した時、その錯視図形をいろいろと変えて、そのことによって錯視量がどう変化するかを測定するのである。このような手続きで実験をすれば、どのような刺激条件の時に錯視量が最大になるかを客観的に測定することができる。

　また、忘却の原因は、時間的に前後する経験の抑制効果が、思い出すことを困難にしているためである、といわれている。このことを実験的に確かめるためには、「実験群」と「統制群」の2つのグループを作り、「実験群」に

はAという課題を記憶させた後にBという課題を記憶させる、もしくは、A課題を記憶させる前にB課題を記憶させて、「統制群」にはまったくB課題を記憶させないという実験条件を設定すればよい。もしBを学習した「実験群」の方が、それをしなかった「統制群」よりも忘却の程度が強ければ、Bを学習したことによる抑制効果が確かめられたことになる。

　また、集団の圧力の強さについても、1人の被験者を囲むサクラの被験者の数の多少によって、被験者の判断が1人の時とどのように変わるかを実験的に測定することができる。この場合、実験条件によって、被験者に対する課題を変えたり、サクラの被験者の「質」を変えたりするということもできる。

　このように実験法は、結果の客観性という意味では非常に優れた研究方法である。しかし、この方法は実験室で行なわれることが多いので、そこでの行動が、日常の生活場面における行動とは違うのではないか、という批判もある。

2　調　査　法

　調査法とは、調査票（質問紙）を用いて調査し、客観的に人の態度や考え方などを知るという研究方法である。この方法は、心理学だけでなく広く社会で使われているので何らかの調査を経験した人も多いと思う。

　この方法は容易に誰にでもできそうに思われるが、実際はかなりの慎重さが必要である。どのような人たちに、どのような内容の調査を、どのような方法で実施して、さらにどのような統計的手法でその結果を処理するか、ということが重要な意味を持つ。もし、それらのどれかが欠ければ、実態と違った誤った結果を得てしまうことになり、その調査そのものが意味のないものになってしまう。

　調査を実施するにあたっての難しさはあるが、調査法は実験法と違って、集団を対象として大量の客観的なデータを得ることができるというアドバンテージがあるので、心理学ではこの方法をよく用いている。

第1章 こころの不思議（歴史と方法）

　また、調査法は国際比較調査をする時などには威力を発する。実際のところ、国際研究に前述の実験法を用いることはかなり難しい。というのは、外国で被験者を探すことの難しさ、実験室を確保することの難しさ、言葉の問題などなどがあるからである。しかし、質問紙による調査については、翻訳の問題さえ解決できれば、後はその国の共同研究者にお願いすれば、一度に多くの対象者に対する調査を実施することができる。このため調査法は、国際比較研究では多用されている。

　しかし、この調査法にも弱点がある。それは、質問に対する答えが、選択肢によって限定されているということである。たとえば、5つの選択肢の中から自分の答えを選ぶという形式の調査票の場合、自分の気持ちに100％一致しなくても、対象者はどれかを選ばなくてはならない。つまり、調査法は、対象者の気持ちに近似した結果を得ることはできるが、それ以上の答えは得られないのである。したがって、私たちはいつも調査法の限界を知ったうえで、この方法を用いなければならないということになる。

3　テスト法

　テスト法とは、厳密な統計的な手続きによって作成されたテストを用いて、対象者を評定するという方法である。具体的には、知能テスト、人格テスト、不安テスト、適性テスト、学力テストなどがこれにあたる。

　これらのテストは、個人用のテストと集団用のテスト、また時間的な制限のあるものと、作業的な制限があるものなど、目的によってその実施の方法はさまざまである。よく標準化されたテストは、その使用が容易なために心理学では広く用いられている。

　テスト法の問題点は、テストの標準化と汎用化が極めて難しい、ということである。たとえば、知能テストについていえば、「知能」をどのように考えるかで、そのテストの中味が変わってくる。したがって、研究者の立場によっていくつかの知能テストが作られることになる。もちろん、それぞれの知能テストがそれぞれの知能を測定していることは間違いがないし、それぞ

れが厳密な標準化の手続きを踏んでいることも確かである。

　このような問題点を抱えていることは、人格テストにおいても同様である。人格（性格）は非常に複雑な構造になっているために、どの切り口から性格を考えるかは研究者によって異なっている。したがって、実際にはいろいろな内容の人格テストが作られることになる。どのテストもそれぞれが正しいが、いずれのテストも人格のある一面を測定しているということになる。

　それぞれのテストが、このような問題を抱えているために、もし私たちがそれらのいずれかを用いる時は、使用する側の目的を明確にして、その目的に適したテストを選択する必要がある。そのような使い方をすれば、テスト法は心理学の有効な研究方法であるといえるだろう。

推薦図書

加藤義明・中里至正編（2004）『入門心理学』八千代出版
古城和子編著（2002）『生活にいかす心理学 Ver.2』ナカニシヤ出版
詫摩武俊編（1990）『心理学（改訂版）』新曜社

第 2 章

ものを見るしくみ（知覚）

1　人の認識の仕方を知ること――「見る」ことを中心に

1　知覚心理学とは

　私たちは、日々の生活の中で、さまざまな景色や人の顔を見たり、音楽や話し声を聞いたりしている。私たちは、これらの情報をバラバラなものとしてとらえるのではなく、秩序だったまとまりのある情報として取り入れている。このような環境からの情報を取り入れる働きを「知覚 (perception)」といい、これを心理学的に扱う領域を「知覚心理学」という。より単純化した場合には「感覚 (sensory)」という言葉を使うが、実際には両者はあまり厳密に区別されない。本章でも文脈に応じて適宜使い分けることにする。

　感覚・知覚の問題は、一方では美的価値をも含めたその根本的特性を理論的に考察する哲学や芸術、一方では物理的刺激や身体器官について実験的に検討する物理学や生理学など、幅広い分野で取り上げられている。この中で、知覚心理学の役割は、私たちがどのようにして、目でいろいろなものを見たり、耳でいろいろな音を聞いたりしているのかを実験的方法を中心にそのメカニズムを解明することにある。感覚・知覚の心理学的研究の始まりは、19世紀末のフェヒナー (G. T. Fechner) らによる精神物理学の研究にみてとれる。これは、物理的刺激と感覚的反応との関係の法則化を試みる研究である。

実際、両者は常に一義的な対応関係にあるとは限らず、これが感覚・知覚機能の主要な特徴の1つである。

一般に、このような感覚・知覚には、目で見る働き（視覚）、耳で聞く働き（聴覚）、鼻で嗅ぐ働き（嗅覚）、舌で味わう働き（味覚）、肌に触れる働き（触覚）の5種類の感覚（五官〔感〕）があり、それぞれ独特の様相（モダリティ）を持っている。たとえば、芳しい香りやこくのある味、これらを事実レベルで言葉などで表現することは可能であるが、感覚内容そのものを他の感覚で表現することは難しい。

その一方で、私たち人は、視覚（visual perception）の働きがひときわ優位であり、多くの点で視覚に依存している生き物である。実際私たちは、短期間に多くの事物、映像、文字言語の情報を視覚的に取り入れることができる。これは、他の感覚では難しい。そこで、紙面も限られているので、本章では、「見る」メカニズムについて紹介していく。

2　知覚の働きにおける「見る」しくみ

私たちは「見る」働きを「眼」で行なっている。眼の構造はカメラの構造とよく似ている（図2-1）。たとえば、水晶体はレンズの役割をして対象に焦点を合わせ、網膜はフィルムの役割を示して像を写す。この網膜には神経細胞（色覚のある錐体細胞と明るさの感覚のみだが高感度の桿体細胞）が集まっている。

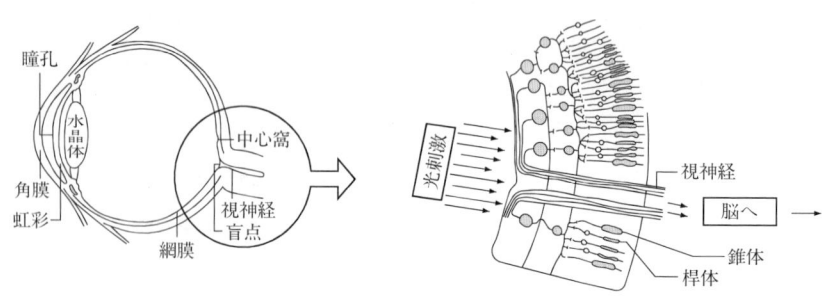

図2-1　眼の構造（大山正、1992）

第2章　ものを見るしくみ（知覚）

しかし、カメラで写真を写すことと人が眼で見ることは同じではない。網膜に像が映るだけでは、「見る」ことにはならず、その情報が脳に送り込まれ、それが何であるかをとらえて初めて「見る」ことが成立する。実際、知覚の働きは物理的特性とは完全には対応しない。そのことが、知覚の働きは正確でないという印象をもたらすこともある。しかしながら、その一方で、網膜像が目まぐるしく変化しても、混乱することなく比較的安定した適応的な知覚が可能となる。

3　「見る」働きの始まり

このような私たちの「見る」働きがいつ頃から備わるのかは興味深い疑問であろう。実際に、人の赤ちゃんには生後間もない頃から視力が備わっており、生後6カ月までに視力の働きは急激に発達し、さまざまなものを見ている。たとえば、ファンツ（R. L. Fantz）は、生後2カ月〜3カ月の赤ちゃんでも顔図形にかなりの関心があることを示している（図2-2）。しかも、発達初期の見る経験そのものが重要であり、実際、何らかの事情で発達初期において「見る」機会が与えられないと、後になって視覚の働きが生理学的に回復しても、単純な形でさえ意味のあるまとまりとして認識することは容易ではないことが示されている。

このように発達初期の段階にある赤ちゃんの「見る」働きを調べることは、感覚・知覚の成立に関する主要な問題、すなわち、感覚・知覚機能の有能性、初期経験の重要性、生得論と経験論、神経系メカニズムとの対応関係などの諸問題を考えていく際に多くの知見をもたらすことが期待できる。

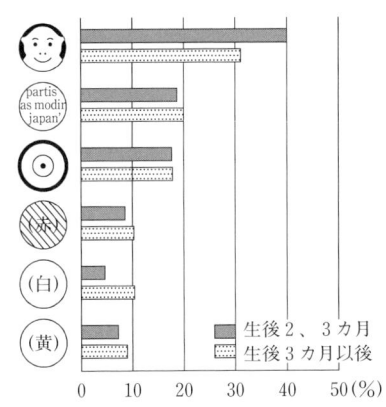

図2-2　赤ちゃんの図形の好み（図形のパターンに対する注視率）（向田久美子、1999・R. L. Fantz, 1961）

以上のことから、まず「見る」ことの基本である「色」「形」「空間」を取り上げ、さらには「(生活)世界」の「見え方」について、その発達初期の様相をも含めて紹介していく。

2　色を見る

1　色の基本的属性

視覚は色と明るさが基本になっている。これに、2次元、3次元の広がりが生じた時、形や空間（次節以降）が問題となっていく（大山正、1994・2000）。

視覚の物理的刺激は光であるが、私たちは光そのものではなく、感覚内容としての色をとらえている。しかし、私たちはすべての波長の光を色覚としてとらえることはできない（図2-3）。実際に色覚として成立するのは、おおよそ380 nm～780 nm（ナノメートルは1/10⁶m）の範囲とされている。その中で、光の波長は長い方から色覚として赤、橙、黄、緑、青、紫（スミレ）の

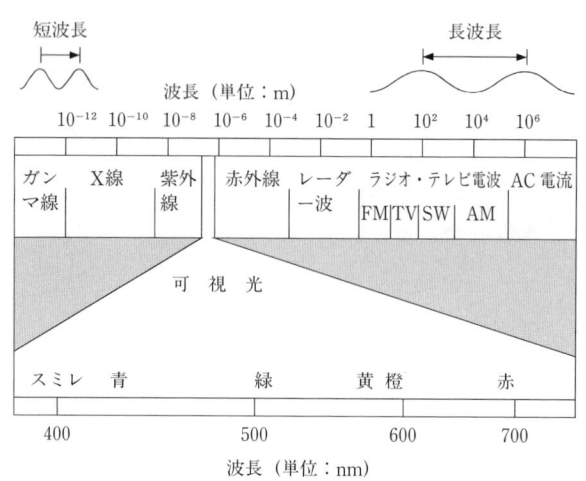

図2-3　光の波長と色覚の関係（松田隆夫、1995）

第 2 章　ものを見るしくみ（知覚）

順に見え方が変化する。赤より長い波長は赤外線、紫より短い波長は紫外線となり、共に人間の眼で色覚としてとらえることはできない。

さらに、色は、赤や青といった色味の他に、明るさ、彩度（色の鮮やかさ）の3つの次元によって、物理的に表現することができ、系統だった表示も可能である。

2　色覚のもたらすさまざまな現象

このように、さまざまな色の違いは、物理的には光の波長の長さによるにすぎないが、次に示すようなさまざまな現象をもたらす。

まず、生理的過程に基づいた色覚理論による色覚の現象から紹介する。色覚理論の代表的なものとしては、まず、ヤング（T. Young）とヘルムホルツ（H. Helmholtz）による「3色説」が挙げられる。これは、網膜には、長波長（赤）、中波長（緑）、短波長（青）に対応する錐体があるとするもので、「混色（color mixture）」の現象をうまく説明している。混色とは、赤色と緑色のようにいくつかの複数の色光の重ねを指す。ちなみにこの2つの色光を重ねるとほぼ黄色に対応した色光として見える。

もう1つの理論として、ヘリング（E. Hering）による「反対色説」が挙げられる。これは、視覚系内には、赤－緑、黄－青、白－黒の反対色過程が存在するというもので、「順応（adaptation）」をうまく説明している。順応とは、赤のゴーグルをつけるとしばらくは視野全体が赤く見えるが、やがて慣れてきて、赤味を感じなくなる場合など、感覚・知覚にみられる一種の慣れの現象である。

さらに、色覚は、このような感覚・知覚のレベルに関連した現象だけではなく、さまざまな心理的効果ももたらす。たとえば、波長の長い赤色は、温度感覚としては暖かく感じ、距離感については進出の印象、さらには感情面については、情熱的な気持ちを引き起こす傾向があることが示されている。一方、波長の短い青などの色は、寒く感じ、後退の印象を与え、鎮静な気持ちを引き起こすことも示されている（図2-4）。

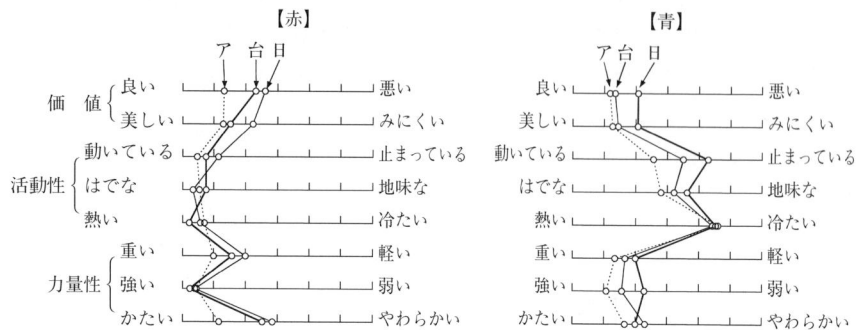

図2-4 色に対するプロフィールの比較（日本、アメリカ、台湾）（大山、2000を一部改変）

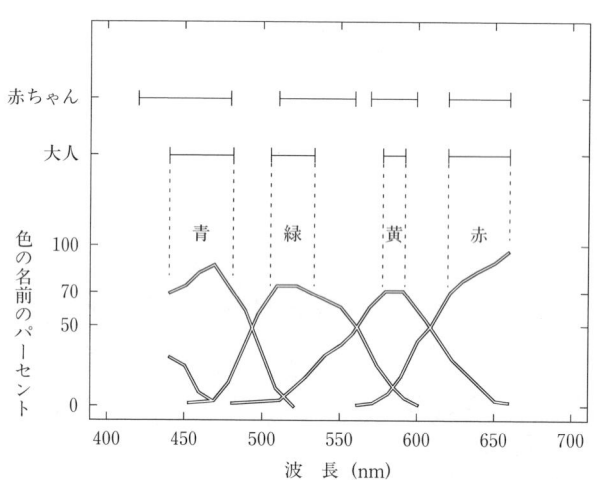

注）下のグラフは、それぞれの波長に特定の色名をつける大人の割合を示している。上の水平線は、赤ちゃんと大人それぞれ、区別しているらしい波長の範囲を示す。水平線の途切れは、そこで、弁別が起こっていることを示すが、これは大人が波長に色名をあてはめる時の移行点とかなり対応している。

図2-5 赤ちゃんと大人の色知覚の類似性

（シーグラー、1992〔R. S. Siegler, 1986〕・M. H. Bornstein, 1976を一部改変）

3 赤ちゃんの「色を見る」働き

物理的には、人はわずかな色の違いも区別することが可能であり、知覚的には何万色もの色が区別できる。しかしながら、デザインの仕事をしているなど特別な状況でなければ、日常生活のコミュニケーションレベルでは大体数十種類の色彩のまとまり（カテゴリー）があれば十分というのが実状である。このように、区別可能な色と実際に用いる色（実際には色彩語）のレパートリーとが一致しないことは色覚特性の1つだが、ボーンスタイン（M. H. Bornstein）により、4カ月の赤ちゃんも私たち大人とほぼ同じようなカテゴリー化の様相を示すことがいわれている（図2-5）。

3 形を見る

次に「形」についてみていくことにする。目の前の事物が何であるかを把握するにはその形態をとらえている必要がある。

1 形のまとまり

形は「図と地（figure and ground）」に分けることによって、まとまりのあるものとして知覚することができる。どちらが図となり地となるのかは多くの場合は明確であるが、ルビン（E. Rubin）の「図地反転図形」のように両者が反転する場合もある（図2-6）。この場合、白い部分が図として知覚される場合は盃として知覚され、黒の部分は背景となる。逆に黒い部分が図として知覚される場合は横顔として知覚される（他にも多様な図地反転図形がエッシャー〔M. C. Escher〕などにより考案されている）。また、通常、図と地との間には明確な輪郭が存在するが、カニッツア（G. Kanizsa）らによって示された「主観的輪郭（subjective contour）」のように、物理的に存在していなくても輪郭が知覚されることもある（図2-7）。

さらに、図形がいくつかある場合には、ウェルトハイマー（M. Wertheimer）らによるゲシュタルト要因（心理的機能の全体性を重視する考えをゲシュ

注) 左側はルビンの壺、右側はエッシャーの円の極限Ⅳ (1960 年)
図 2-6　図地反転図形 (北崎充晃、1999・B. Ernst, 1976)

図 2-7　主観的輪郭 (大山、1992・G. Kanizsa, 1976)

タルト心理学という。第 1 章参照) により、各図形を要素・部分ごとにバラバラではなく、まとまりをもって知覚する傾向もみられる。

2　形や大きさのズレ

物理的特性と知覚的特性とにズレが生じる例として錯視 (illusion) が挙げられる (図 2-8)。代表的な幾何学的錯視に、図 2-8 右に示されるような、ミュラー・リヤーの錯視、ポッゲンドルフの錯視、ポンゾの錯視などがある。これを幾何学的図形としてとらえると物理的な特性とは異なるいわゆる錯視が生じる。確かに、幾何学的図形のレベルでみると定規などで測定した結果とは異なる現象である。しかしながら、これらの知覚の現象は決して見誤りではなく、錯視が生じることを知っていて注意深く見ても錯視は生じるし、さらには知覚心理学の専門家でも生じる (大山、2000)。

第 2 章 ものを見るしくみ（知覚）

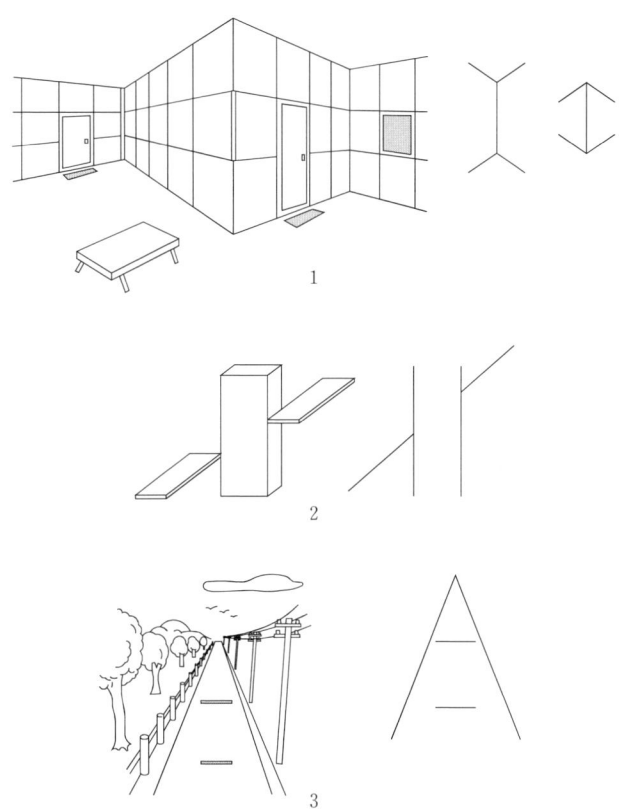

注）1．ミュラー・リヤーの錯視、2．ポッゲンドルフの錯視、3．ポンゾの錯視。
1～3とも、右図はいずれも直接与えられたのとは違う長さや位置を知覚する錯視の例。左図は奥行きを伴う実世界の知覚と右図の錯視が密接に関連することの具体例。

図 2-8　幾何学的錯視（下条、1995・1999）

　このような幾何学的錯視は、ズレが生じる現象の興味深さだけでなく、なぜそのような現象が起きるのかという知覚のメカニズムを追究するのに役立つ面もある。たとえば、これらの図形を実空間に埋め込んで考えると、錯視が生じるのは、単に見誤りというわけではないことがおわかりいただけるのではないかと思う（図 2-8 左）（下条信輔、1995・1999）。

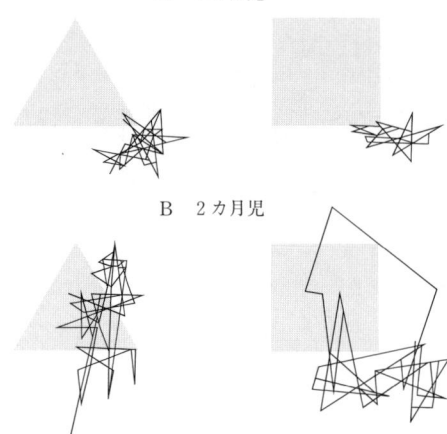

図 2-9　赤ちゃんの形の知覚（視覚走査パターン）
　　　　（向田、1999・P. Salapatek, 1975）

3　赤ちゃんの「形を見る」働き

　形の知覚の働きは比較的早くから備わっており、赤ちゃんは、図形を見るとその輪郭線を見ていることがサラパテク（P. Salapatek）によって示されている。たとえば、生後1カ月の赤ちゃんは、三角形や四角形の図形を見せられると角の部分を中心に視覚走査（眼球運動による視線の動きにより測定）が行なわれ、さらに、生後2カ月の赤ちゃんになると、図形の一部分ではあるが、輪郭の部分を中心に視覚走査が行なわれる（図2-9）。

4　空間を見る

　私たちは3次元の空間の中で生きている。しかし、2次元の網膜像からすれば、大きさだけが異なる同じ色と形をしたものが、遠くにあって大きいものと、近くにあって小さいものとを区別する情報が備わっているわけではない（図2-10）。しかし、私たちは、両者をそれなりに区別できる。このことは、18世紀のバークリー（G. Berkeley）以来、考察の対象となっているが、知覚

第 2 章　ものを見るしくみ（知覚）

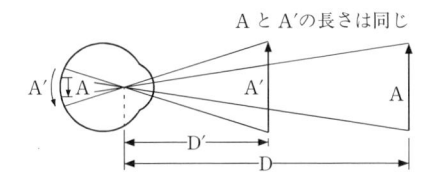

図 2-10　観察距離と網膜上の大きさ（大山、1992）

過程が物理的特性をそのまま反映しているわけでないという点で興味深い。

1　奥行き知覚の手がかり

　奥行き知覚を可能にしているのは、いくつかの奥行き知覚の手がかりによる。ここでは、眼の構造によるものなど基本的な手がかりを中心に紹介する。まず、レンズの働きをしている水晶体のふくらみを眼の中の筋肉で調節し、ピントを合わせる「調節（accommodation）」の手がかりがある。また、左右の眼の間隔が約 6 cm あることによるものとして、左右の各眼と対象への角度の差異感による「輻輳（convergence）」の手がかりや、左眼と右眼の網膜像のズレによる不一致から生じる「両眼視差（binocular parallax）」の手がかりなどがある。その他、運動の知覚による手がかりや環境側の手がかりもある。環境の手がかりについては、ギブソン（J. J. Gibson）は、「きめの勾配（texture gradient）」の手がかりを挙げている。このように、私たちは多くの手がかりを用いて奥行きを知覚している（あわせて、図 2-8 の左側の図を参照していただきたい。平面的な本に書かれた図であるが、奥行き感が感じられるのではないだろうか）。

2　奥行きと大きさの恒常性

　大きさの知覚は、事物そのものの大きさによってのみ決まると思いがちであるが、その事物までの（観察）距離によっても変化する（図 2-11）。したがって、このことは、同時に奥行き知覚の問題ともいえる。たとえば、同一人物が 3 m 先にいる時と 6 m 先にいる時とでは網膜に映る像の大きさは 2 倍

異なる。しかしながら、実際はこれほど大きな変化はみられない。この安定した知覚の特性を恒常性（constancy）という。この恒常性の性質は、適応的な知覚という観点から、知覚のさまざまな点でみられる。先に紹介したポンゾの錯視図形を実空間に埋め込んだ図（図2-8）もあわせて見ていただきたい。

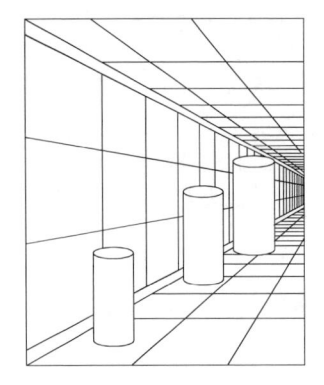

図2-11 平面図形における大きさの恒常性（大山、1992・J. J. Gibson, 1950）

3　赤ちゃんの「空間を見る」働き

赤ちゃんの奥行き知覚について調べた実験にギブソン（E. J. Gibson）の視覚的断崖の実験がある（図2-12）。これは、図で示したように片方が透明のガラス板でもう片方が通常の床の板であるような台で生後6カ月〜7カ月の赤ちゃんをハイハイさせると、透明な板の方には躊躇してあまり行きたがらない。つまり、この頃の赤ちゃんはすでに奥行き知覚が存在しているのではないかということができる。

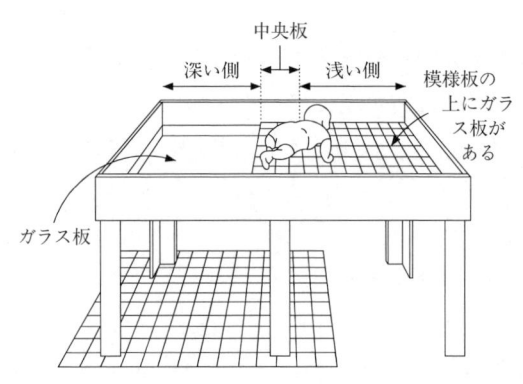

図2-12 赤ちゃんの空間知覚（視覚的断崖による測定）（鹿取廣人・藤崎春代、1992・E. J. Gibson, 1967）

5 世界を見る

　私たちは、「(生活)世界」の中でさまざまなものを見ている。ここでは、私たちにとって身近な「顔」の視覚について取り上げていき、そのうえで、「見る」アプローチ全体について考え、まとめにつなげていきたい。

1 「顔」を見る

　私たちにとって「顔」は、赤ちゃんの頃から関心があるものであり（第1節の図2-2）、その後も毎日のように目にしており、さらに、他者の顔を正確に見ることは社会生活においても重要である。

　私たちは、パターン構造上、物理的にかなり類似した顔でも、ほとんど瞬時に見分けることができる。その一方で、月日が経って、顔のパターン構造上はかなり変わっても、面影、すなわち目元や口元を中心とした全体的印象から同一人物とわかる。このように、私たちは、人の顔について、かなりの有能性を発揮している。しかし、これには、顔の向き（正立か倒立か）が大きく関わってくる。

　このことは、顔知覚の方向特異性の問題として取り上げられている（図2-

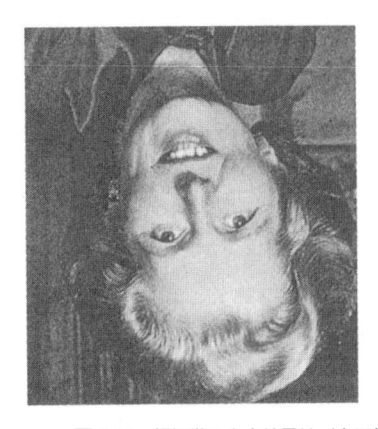

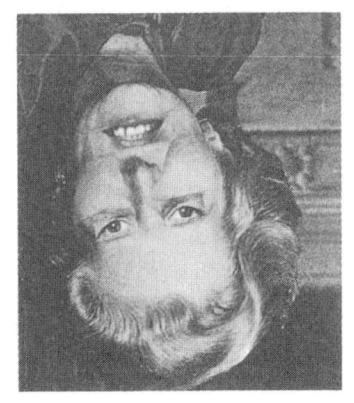

図2-13　顔知覚の方向特異性（吉川佐紀子、1995・P. Thompson, 1980）

13)。図2-13の写真は、イギリスのサッチャー元首相がモデルとなったものである。図のように、上下逆さにした倒立の状態で見るならば、2つの顔ともそれほど違和感なく穏やかな顔に見える。しかし、試しに今読んでいるこの本を逆さにして2つの顔を正立の方向で見ていただきたい。一方はかなり異なった印象の顔に感じたのではないだろうか。実は眼と口の部分を切り取って逆さにした仕掛けがしてあり、したがって、眼や口の部分はつり上がった状態の顔になるのだが、倒立の状態ではこのような顔の様子がなかなか見抜けない。私たちは普段の生活で正立の顔には非常に多く接するが、それに比べ、倒立の顔はごく限られた状況のみでしか接しない。すなわち、私たちの顔知覚の有能性は、学習・経験による効果も小さくないことが示される。

2 「見る」のさまざまなレベル

一口に「見る」メカニズムの解明といっても、その対象は、色、形、空間での比較的基本的な低次のもの（第2節〜第4節）から人の顔などの高次のもの（第5節1）までさまざまなレベルがある。特に、上で述べた生活世界に密着した「顔」を見るとなると、各人のこれまでの知識・経験により、どの顔に関心があり、注意を向けるのかが異なり、さらには個人内状況や社会的状況などにも大きな影響を受ける。このように考えていくと、「見る」メカニズムの解明とは心理学全体のテーマと関わっていくことになる。実際、生まれて間もない赤ちゃんも、身近な人の顔をはじめとしたさまざまなものを「見る」中で、多くのことを学習し、成長していくのであろう。

この中で、さまざまなレベルを考えつつも、環境の情報のもととなる色、形、空間などの「見え方」を解明していくのが心理学における知覚心理学(特に視覚)の位置づけといえる。

3 日常生活における「見る」の問題——これからの課題

先に述べたいくつかの「見る」レベルから本章で紹介した知覚心理学が、私たちの現実の（生活）世界においてどのように貢献できるのかを考えてい

第2章　ものを見るしくみ（知覚）

く。確かに、世界を「見る」働きが豊かになればそれだけ人生も豊かになるであろうが、ここではもう少し具体的なレベルを取り上げる。たとえば、色や形に関する知覚心理学（第2節～第3節）の知見を用いて見やすい標識や案内図を作ることもできるだろう。また、空間（第4節）に関する知覚心理学の知見を用いて転びにくい階段を作ることも可能であろう。そうすれば、人々の生活はそれだけ安全で快適なものとなる。知覚心理学では、標識や階段そのものを作るわけではないが、人がどのような「見る」特性を持っているのかの議論については十分貢献できる余地があると思われる。さらに、赤ちゃんをはじめとした幼い子どもたちが安全にのびのびと過ごせるような環境について考えていくと共に、運動機能などに多少の衰えはみられても社会的経験が豊富な高齢者の視覚特性を踏まえた検討など、感覚・知覚機能について発達的な観点からとらえていくことも今後ますます必要になってこよう。実際、私たちの（生活）世界においても、子どもや高齢者に対するさまざまな側面からの支援が求められている。このような状況において、現代社会における「見る」しくみを解明する知覚心理学の果たす役割は決して小さくないと思われる。

6　知覚心理学の広がりと「見る」働き

　最後に知覚心理学の広がりについて紹介する。これについては多岐に渡るので、知覚心理学における他との「相互の関わり」という面からいくつか整理し、紹介していく。
　まず、「感覚モダリティでの相互の関わり」である。すでに紹介したように、従来は、視覚・聴覚のものが比較的多かったが、触覚、嗅覚、味覚のモダリティの研究も盛んになってきている。さらに、いわゆる多感覚統合の研究も多くなり、たとえば、日常生活に欠かせない食べ物についても「おいしさ」の基本は味覚だが、嗅覚をはじめ、視覚や触覚（触感）も関連し、感覚モダリティでの相互の関わりとして検討されている。

2つめは、「心理学領域での相互の関わり」である。特に、社会的情報の認知処理に関するものである。たとえば、前節の顔知覚については、表情認知を代表とするノンバーバルコミュニケーションや、感情と認知の関係などである。最近では特に、相互コミュニケーションが困難とされている自閉症の人々の顔認知・表情認知についての研究が多くなされている。

　3つめは、「実社会からの相互の関わり」である。知覚心理学の知見を応用して、情報内容をわかりやすく伝達する工夫がなされている。特に、医療領域や交通領域でのヒューマンエラー防止には安全な社会を構築するためにも大切なテーマとなる。

　4つめは、「他領域との相互の関わり」である。新しいアプローチの方法が隣接領域との関連から示されている。たとえば、脳科学では、それぞれの知覚現象が生じている時の脳の働きを非侵襲的な方法（fMRI等）で測定する技術が進歩している。また、工学との連携では、商品開発やマーケティングの分野にも広がりを示している。さらには、芸術との関連について感性との関係から論じられている。上記で述べたテーマについても、隣接領域を含む研究方法の向上により発展しているものが多い。

　このような知覚心理学の広がりの中で、再び本章を読み、感覚・知覚あるいは心理学全体の中から「見る」ことのテーマについて考えていただきたい。

推薦図書

菊地　正編（2008）『感覚知覚心理学　朝倉心理学講座6』朝倉書店
北崎充晃（2003）「知覚の基礎」道又　爾ら著『認知心理学——知のアーキテクチャを探る』有斐閣アルマ
三浦佳世編（2010）『知覚と感性　現代の認知心理学1』北大路書房
村上郁也編著（2011）『心理学研究法1　感覚・知覚』誠信書房
大山　正（1994）『色彩心理学入門——ニュートンからゲーテの流れを追って』中公新書
大山　正（2000）『視覚心理学への招待』サイエンス社
ロバート・S・シーグラー、無藤　隆・日笠摩子訳（1992）『子どもの思考』誠信書房
下条信輔（1999）『＜意識とは何だろう＞——脳の来歴、知覚の錯誤』講談社現

第 2 章　ものを見るしくみ（知覚）

代新書
山口真美（2003）『赤ちゃんは顔をよむ――視覚と心の発達学』紀伊國屋書店

第3章

人を行動にかりたてるもの（動機づけ）

1 動機づけの心理学を学ぶ意義

　人間のこころと行動のしくみを明らかにすることを目指す心理学にとって、人はなぜ行動するのか、そして、行動はどのようにして生じるのかという問題はとても重要である。なぜならば、人の行動を理解するには、まず、その背後にあって行動を促している原因を理解する必要があるからに他ならない。

　本章では、人を行動に駆り立てるこころの基本的な働きである「欲求」、「動機」、「情動」そして、欲求・動機が満たされない時の心理状態や行動について解説する。これらの知見を得ることによって、人間の行動のしくみを理解すると共に、自らが遂行した行動または観察した他者の行動に基づいて、自分自身および家族や友人などを深く知る手掛かりを導くことができるようになるだろう。自他の行動の理由がわかれば、自己を制御したり、他者と上手く関わっていく方法も得られやすくなるに違いない。さらに、本章とは異なる視点でこころと行動のしくみを説明した他の章の理解をも容易にしてくれるはずである。

2　行動の理由

1　欲求・動機とは

　人はなぜ行動するのだろうか。心理学では、行動にはそれを促す原動力があり、欲求や動機がこれに相当すると考えている。ここでいう欲求（need）とは、生体に生じた何らかの不足や不均衡な状態を安定した均衡状態に戻そうとする力のことである。要求とも呼ばれる。一方、動機（motive）とは、欲求に基づいて人を直接行動に駆り立てる力を意味し、動因（drive）ともいう。

　欲求、動機、行動はどのような関係にあるのだろうか。モリス（C. G. Morris）の模式図を用いてごく簡単に説明するならば、たとえば、血糖値が低下した時、それを元の水準に戻そうとする力が生じる（刺激）→糖分を含む食物を食べたくなる（動機）→食べる（行動）→血糖値が元の水準に戻る（目標達成）→緊張解消・休息→血糖値の低下（刺激）……として示される。このような行動の喚起から終結に至る一連の経過を動機づけ過程と呼ぶ（図 3-1）。

　この例における「刺激」は、生理的に不均衡な状態を均衡状態へと回復させようとする欲求を意味し、それを満たすために摂食行動へと動機づけられる過程が示されている。ただし、欲求と動機はあまり区別されずに使用されることが多く、本章でも、欲求・動機・動因を「人を行動に駆り立てる内的な状態」と一括して定義し、文脈に応じて3つの用語を適宜使用することに

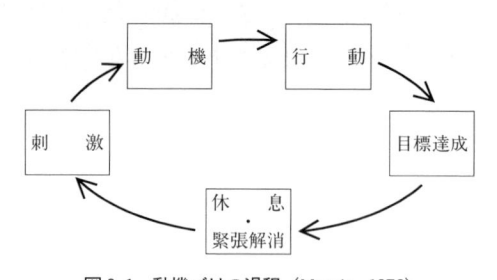

図 3-1　動機づけの過程（Morris, 1976）

第3章 人を行動にかりたてるもの（動機づけ）

する。

2　動因・誘因と行動

　先述の例では、図3-1の「刺激→動機→行動」を血糖値の低下とそれを回復させようとする動因に基づく食行動として説明した。しかし、何らかの不足や不均衡を伴わずに外部環境それ自体が目標となり、その獲得へと行動が導かれることもある。たとえば、血糖値の低下はおろか、それほどお腹が空いていなくても（時には満腹であっても）、めったに食べることができない好物のケーキが目の前に置かれている状況では、つい食べたいという動機が生じて、実際に食べるという行動が起こることがあるだろう。この場合のケーキすなわち行動の目標となる対象を誘因（incentive）と呼ぶ。

　したがって、図3-1の「刺激→動機→行動」は、誘因またはそれを連想させる環境上の手掛かりと、その獲得へと動機づけられた行動というプロセスをも意味する。ただし、実際の行動は動因または誘因のどちらか一方のみによって導かれるというよりも、双方が複雑に絡み合って生起していると考えるのが自然である。加えて、空腹時に弁当を持参していたとしても、授業中なので食行動を控える場合があるように、行動はそれを促す内的な状態と誘因を含む周囲の状況との相互作用によって生起するといえる。

　ちなみに、人間の食行動も基本的には他の動物と同様にエネルギーや栄養素の不足・欠乏に基づいて生じるが、先のケーキの例を挙げるまでもなく、美味しそうな色、味、形、盛り付け方、匂いなどの外部環境による影響を受けやすいという。これが偏食・肥満・生活習慣病の主たる原因であることは説明を待たないだろう。ただし、ケーキが嫌いな人にとっては、たとえ空腹であっても食行動には至りにくいというように、何が誘因となるのかは人によってさまざまであり、学習・経験や日頃の生活習慣などによって異なる。このように、誘因には行動を目標にひきつける正の誘因と、行動を目標から遠ざけるように働く負の誘因がある。

3 欲求・動機の種類

　欲求・動機は、主として、それが生得的なものか経験・学習によるものかによって、あるいは、結果として導かれる行動のタイプによって分類される。前者が、一次的欲求と二次的欲求であり、後者が生理的欲求と社会的欲求である。また、行動が何らかの外的報酬を獲得するための手段であるのか（外発的動機）、外的報酬を求めることなく行動や活動それ自体が行動の動機であるのか（内発的動機）によって分類されることもある。さらには、生命の維持や種の保存に直接関わるのか否かという観点から分類することもできる。
　図3-2は、諸種の欲求・動機をこれらの分類基準をふまえてわかりやすく整理したものである。それぞれの欲求・動機の特徴は以下の通りである。

1　一次的欲求
　一次的欲求は生得的な欲求である。人種・民族・文化の差を超えて万人に共通して生まれつき備わっているものであり、生理的欲求と内発的動機がこれに含まれる。

1）生理的欲求
　生理的欲求は、飢餓、渇き、睡眠、排せつ、痛刺激回避、性など、生命の

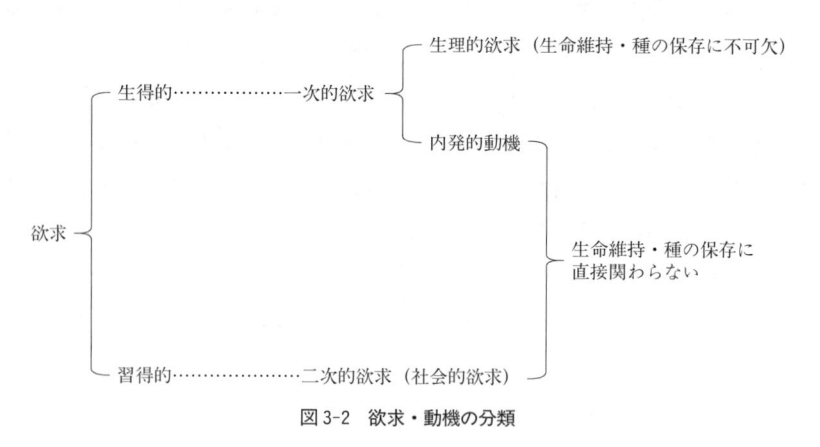

図3-2　欲求・動機の分類

第3章 人を行動にかりたてるもの（動機づけ）

維持や種の保存にとって欠くことのできない欲求である。生理的欲求の多くはホメオスタシスの働きと関連した動因であるため、ホメオスタシス性動機といわれることもある。

ホメオスタシスとは、生理学者キャノン（W. B. Cannon）によって提唱された概念であり、体内の状態を一定に保とうとする働きのことをいう。たとえば、人間や動物は、外気温が変化しても発汗作用や血管の収縮などによって体温を一定の水準に保つことができるし、活動のエネルギー源である血中の糖分が消費されても、肝臓で補給されて血糖値の水準をある程度維持することができる。しかし、ホメオスタシスの働きだけで体内の状態を常に一定に保つことはできない。栄養素や水分などを外部環境から摂取したり、不必要になった物質を体外へ排出することによってホメオスタシスの働きを補う必要がある。このことが、食欲、渇き、排せつなどといった生理的欲求の礎となっている。いうまでもなく、これらが満たされなければ人は死に至ってしまう。

２）内発的動機

内発的動機とは、行動に外的な報酬が伴わなくても、行動それ自体が目的となる動機を指す。感性動機、好奇動機、接触動機などがある。

感性動機とは、刺激やそれに伴う感覚を求める動機である。刺激欲求または感覚に対する要求ともいわれる。この動機の存在を示したのが有名なヘロン（W. Heron）による感覚遮断実験である（図3-3）。この実験では、温度と湿度が快適に保たれた小部屋で食事と排泄時以外は、ベッドに横たわっているようにいわれた被験者がどのような反応を示すかが調べられた。被験者は、高額の報酬を受け取り、半透明の眼鏡とヘッドフォンを装着し、腕には筒状のおおいがつけられ、手には分厚い手袋をはめた状態でなるべく長くその部屋にとどまるようにいわれた。被験者となった大学生にとっては、何もせずに寝転んでいるだけで高額報酬が得られる分の良いアルバイトであると思われたが、ぼんやりとした光が見えるだけで、単調な雑音が聞こえることを除いては、外界との接触を断たれ何の刺激も与えられない環境で長時間過ごす

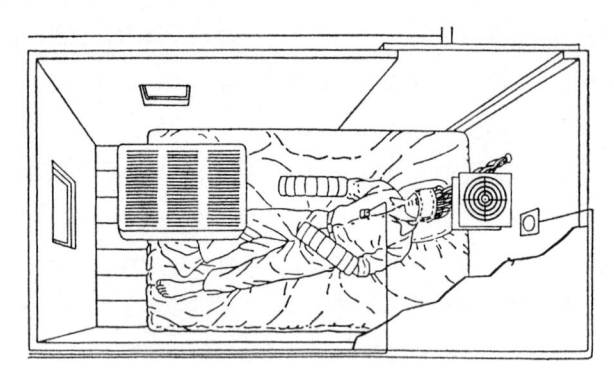

図 3-3　感覚遮断実験の模様（Heron, 1957）

ことは困難であった。数時間で退屈やイライラが生じ、思考力が鈍化し、中には幻覚を見る者も現われ、大半の被験者は2日から3日で実験をやめてしまった。

　この実験によって、刺激が極端に少ない状況は人間を不快にさせ精神状態を不安定にさせることが示された。このように、人には適度な刺激とその変化を求める傾向があり、それは正常な精神を保つうえで必要なものとされる。

　好奇動機とは、新奇な刺激を見たいという動機であり、動物にも認められる。たとえば、バトラー（R. A. Butler）は、正しい扉を押せば外の様子が見えるという箱の中にサルを入れると、エサを報酬として用いた時と同じようにオペラント条件づけが成立することを確かめている。つまり、単に外が見えるということが報酬になったのである。

　また、接触動機は、柔らかいものや温かいものに触れることを求める動機であり、赤毛ザルを対象とするハーロウ（H. F. Harlow）の実験によりその存在と重要性が示されている。すなわち、母親から隔離された生後間もない子ザルを授乳が可能な代理母親（模型）で育てたところ、子ザルは針金製の母親よりも布製の母親にすがりついて過ごす時間が長かったという。この実験を契機に、乳児の健全な成長をはかるうえで欠かすことのできない母子の愛着形成にとっては、授乳による生理的欲求の満足よりも、むしろ皮膚接触の

ほうが重要であるといわれるようになった。

では、これらの内発的動機が生得的であるという根拠はどこにあるのだろうか。ここで、乳児がさまざまな刺激を注視する時間を比較した第2章の図2-2をご覧いただきたい。乳児は、単純な視刺激よりも人の顔のような複雑で意味のある刺激や文字を注視する時間が長く、これらの刺激に対して好奇心を持っていることが示唆された。生後わずか2〜3カ月の乳児にも刺激（特に複雑な刺激）を求める傾向が認められるのである。

内発的動機は生命の維持や種の保存と直接関わるものではないが、人種・民族・文化を超えて認められるものであり、かつ、生後間もない乳児にも認められることから、経験や習慣に根差したものというよりも、多分に生得的なものであると考えられる。

2　二次的欲求

二次的欲求とは、経験や学習によって獲得された欲求である。生命の維持とは直接関わらないが、生理的欲求を満たすために二次的・間接的に生じる動機である。他人との競争に勝ちたいという達成欲求、他人と仲良くなりたいという親和欲求、他人に認められたいという承認欲求、他人を支配したいという支配欲求などがある。

二次的欲求は、目標や誘因が社会環境の中に存在し、社会生活および他人との関わり合いの中で行動を引き起こすという意味で社会的欲求とも呼ばれる。生理的欲求が人種や文化の差を超えて誰にでもほぼ同じように認められるのに対して、社会的欲求は習得的であり、その強さは家庭のしつけや社会環境によって異なる。たとえば、幼い頃から他人との競争に打ち勝つようにしつけられてきた子どもと、競争によって他人を蹴落としてまで成功する必要はないという方針で育てられてきた子どもでは、達成欲求の程度に違いが生じ、それに呼応して実際の行動も異なると考えられる。

ちなみに、達成欲求が高くて親和欲求が低い人は、共に働く相手として、個人的には嫌いでも能力の高い人を選択するのに対して、達成欲求が低くて

親和欲求が高い人は、同じような状況で仕事の能力はそれほど高くなくても仲良くやっていけそうな人を選ぶ傾向があるという。

ところで、学費を稼ぐために始めたアルバイトなのに、いつの間にかバイト先で働くことそのものが楽しくなることがあるように、二次的欲求によって導かれた行動は、それ自体が行動の動機となり自己充足的に作用することがある。オルポート（G. W. Allport）は、これを機能的自律性と呼んでいる。

3　欲求の階層性—自己実現の欲求

マズロー（A. H. Maslow）は、多様な欲求を体系的に整理し、順序性と階層性および発達的視点を盛り込んで独自の欲求階層理論を唱えた（図3-4）。

この階層構造は、それぞれの欲求はそれより下位にある欲求の充足に伴って発現することを意味する。つまり、飢えや渇きなど生きていくうえで不可欠な欲求が満たされると、安全に暮らしていきたいという欲求が現れ、それが充足されると友情や愛情が満たされることを望み、それらも満たされると他者から承認され自尊心を保つことを求めるようになる。これらの欲求は欠乏欲求または基本的欲求と呼ばれ、たとえ満たされても一時的に緊張が解消されるだけで、満足感は長続きせず不安定なものであると考えられている。

そして、欠乏欲求が満たされると、人には自己成就や自らの可能性の実現を目指して自分自身を高め成長へと向かわせる自己実現の欲求が生じる。これは成長欲求とも呼ばれ、人間はその充足を通して精神的に成熟していくという。

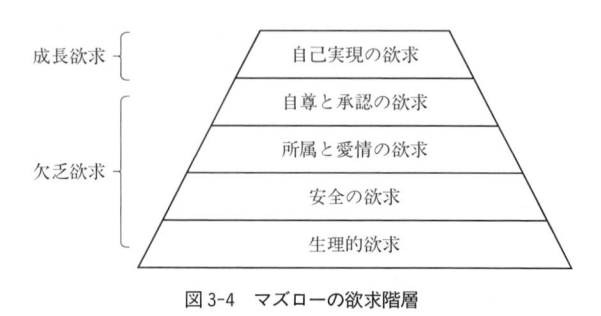

図3-4　マズローの欲求階層

第3章　人を行動にかりたてるもの（動機づけ）

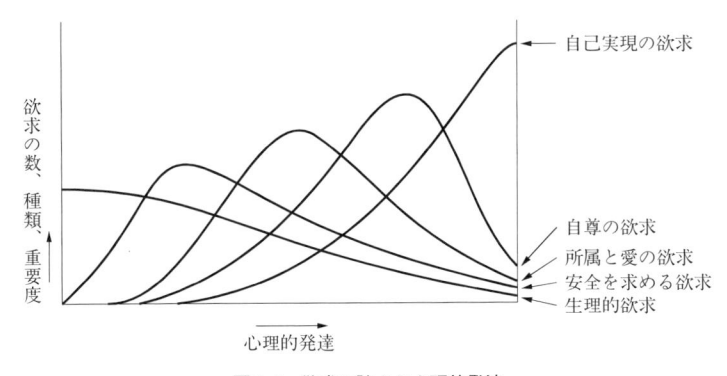

図3-5　欲求の強さと心理的発達

　なお、マズローの理論には発達的な視点も含まれており、それぞれの欲求の現われ方は、心理的発達および生涯の時期によって異なるとされる（図3-5）。たとえば、子どもは生理的欲求が満たされ安全が確保されて初めて、安心して友達と交流ができるようになり、次いで、仲間集団への所属や友達からの承認を求めるようになるだろう。マズローの理論は、欲求や動機が人間の成長や発達に極めて重要な影響を及ぼすことを示している。

4　行動が行き詰まる時

　欲求・動機は、私たちを行動へと駆り立てるが、それが常に満たされるとは限らない。むしろ、日常生活においては"思い通りにならない"ことのほうが多いといっても過言ではないだろう。以下では、欲求・動機を満たすことができないような妨害や障壁と、そのような場面における心理状態および行動について解説する。

1　欲 求 不 満

　欲求不満（frustration）とは、欲求を満たすための目標がさえぎられたり、欲求充足のための手段が妨げられたりする状況やその結果としての心的状態

のことである。欲求不満が生じる原因を大山正 (1999) および和田万紀 (1993) に基づいて整理すると、それらは主に、自分を取り巻く周囲の環境に関連する外的原因と、自分自身に関連する内的原因に分けられる。

　外的原因には、天災で道路が陥没しているために目的の場所に車で移動できないような物理的障害や、煙草を吸いたいが法律・条令、社会的慣習、道徳などにより街頭での喫煙が禁じられている社会的障害、また、喉が渇いたが飲み物がない欠乏、さらには、重要な他者との離別によりそれまで満たされていた欲求が満たされなくなる喪失などがある。一方、内的原因は、実力が足りなくて目標に到達できないといった能力の限界、病弱であるために希望している職業につけない欠陥、事故による怪我のために走ることができなくなった損傷、そして、自ら欲求を禁じてしまう抑制などである。

2　葛　藤

　ランチタイムに学生食堂の食券売り場で、カレーライスにしようかパスタにしようかとメニューの選択に迷っている学生を見かけることがある。また、英語またはドイツ語の単位を取らなければ卒業できないが、語学は全般に苦手でどちらも選択したくない状態で悶々としている、というような愚痴をこぼす学生がいる。このように、同時に存在する2つ以上の欲求の中から1つを選択しなくてはならない状況でどちらを選べばよいか決められずにいる状態を葛藤と呼ぶ。レヴィン (K. Lewin) によると、葛藤は、接近―接近型葛藤、回避―回避型葛藤、接近―回避型葛藤に分類される。葛藤がしばしば問題となるのは、それが欲求不満の引き金となって深刻な悩みを招いてしまうことがあるからである。

1）接近―接近型葛藤

　これは、前段で最初に例示したメニューの選択で迷う場面のように、2つ以上の欲求をいずれも満たしたい、つまり、どちらも欲求の対象は正の誘因をもっているが、それらを同時に充足することはできず、どちらか1つを選択しなければならないというタイプの葛藤である。換言すれば、どちらも魅

力があるために選択に迷う場面である。

　2）回避─回避型葛藤

　この葛藤は、2例目に挙げた語学科目の選択場面のように、負の誘因をもつ2つ以上の欲求があり、いずれも放棄することができないというタイプである。換言すると、どちらも嫌いだが、いずれか1つを選択せざるを得ない場面である。この葛藤によって極度の不安や緊張状態に陥ることがあり、場合によっては葛藤場面そのものから抜け出そうとして自殺することすらある。

　3）接近─回避型葛藤

　「河豚食う馬鹿に食わぬ馬鹿」（毒のあるふぐをわざわざ食べるのは愚かだが、毒を恐れてふぐのうまさを知らないで過ごすのもやはり愚かであるということ）ということわざがあるが、"ふぐの美味は堪能したいけれども命は惜しい"という具合に、1つの欲求が正の誘因と負の誘因を同時にもつ場合の葛藤を接近－回避型葛藤と呼ぶ。要するに、欲しいけれども、それを得るには危険を伴う場面である。

　また、"宝島に到達するには荒波を乗り越えなくてはならない"というように、負の誘因を乗り越えなければ正の誘因が出現しない場合もこのタイプの葛藤に含まれる。この他にも、2つ以上の欲求がそれぞれ正の誘因と負の誘因の両方を同時に持つ、いわば、二重の接近－回避型葛藤もある。

3　欲求不満場面での行動

　欲求不満は、不快な緊張状態をもたらす。そして、不安、恐れ、怒りなどの情動を生起させるが、これに対して人はさまざまな反応を示す。もちろん、欲求不満の原因を特定し、それを除去して不快な情動を低減させ、目標を達成するための行動を遂行する、という直接的な解決が図られることもある。これに対して、欲求の対象である目標をすぐに達成できない場合には、欲求の充足を妨げる要因を避けて遠回りをしてでも目標に到達しようと試みたり、目標の達成に向けて長年にわたって地道に努力し続けることがある。これを回り道行動または迂回行動と呼ぶ。これらは、いずれも欲求不満状況におい

て合理的な解決をはかろうとする行動であるといえる。

　一方、欲求充足の妨げとなる障害を強引に突破しようと試みることがある。また、妨害となる人や物に対して直接的に怒りをぶつけたり、欲求不満を招いた事態とは直接関係のない第三者や弱者をいじめるといった攻撃行動が見られることもある。自暴自棄となって、攻撃が自分自身に向かうこともある。攻撃行動には、欲求不満に伴う不快な情動を瞬間的に緩和する働きがあると思われるが、あくまでも瞬間的なものであり、すぐに別の問題やそれに伴う緊張を生んでしまう。したがって、欲求不満に対する合理的な解決法とは言い難い。

　人間には、心の安定を保つために無意識の過程で生じる防衛機制というメカニズムがある。防衛機制は、欲求不満がもたらした不安や緊張から自分を守るために欲求の充足を断念しようとすることをいう。たとえば、本来の欲求が満たせない場合に、代わりとなる別の欲求を充足させることによって満足を得ようとする代償や、弟や妹が生まれたとたん急に親に甘え始める幼児のように、直面する欲求不満にうまく対応できずに、心理的に幼稚な段階に戻ってしまう退行など、さまざまな防衛機制がある（表3-1）。

　このように、防衛機制は不快な感情を減らしたり避けるという方略を用いるが、一時しのぎ、その場しのぎで自らの本心をごまかす反応でもあるがゆ

表3-1　主な防衛機制（前田重治、1985の一部を抜粋）

種　類	内　容
抑　　　圧	苦痛な感情や欲動、記憶を意識から閉め出す。
逃　　　避	空想、病気、現実、自己へ逃げ込む。
退　　　行	早期の発達段階へ戻る。幼児期への逃避。
置 き 換 え	欲求が阻止されると、要求水準を下げて満足する。
転　　　移	特定の人へ向かう感情を、よく似た人へ向けかえる。
昇　　　華	反社会的な欲求や感情を、社会的に受け入れられる方向へ置きかえる。
補　　　償	劣等感を他の方向で補う。
反 動 形 成	本心とウラハラなことを言ったり、したりする。
打 ち 消 し	不安や罪悪感を別の行動や考えで打ち消す。
隔　　　離	思考と感情、感情と行動が切り離される。
同 一 視	相手を取り入れて自分と同一と思う。
投影（投射）	相手へ向かう感情や欲求を、他人が自分へ向けていると思う。

えに欲求不満の根本的な解決にはつながらない。とはいえ、誰もが多少なりともこの防衛機制の働きによって心理的安定を維持しており、人が統合的に適応してくためには必要不可欠なものでもある。ただし、これに過度に依存することはかえって不適応を増長させることにつながるので注意が必要である。

　これまで述べてきたとおり、人は欲求不満場面でそれを合理的にうまく解決できる場合もあるし、解決できない場合もある。また、上手に解決できる人もいれば、できない人もいる。欲求不満に適切に対応し、それに耐える力を欲求不満耐性（フラストレーション耐性）と呼ぶ。欲求不満耐性は、生まれつき備わっているものではなく、生後のしつけや家庭環境による経験によって育まれるものである。したがって、個人差も大きい。たとえば、幼い頃から周囲の大人に甘やかされ、欲しいものがすぐ手に入るような環境で育った子どもは、フラストレーション耐性が脆弱でちょっとした欲求不満場面にも耐えることができない。欲求不満耐性を高めるには、幼少期から欲求不満場面を経験させ、それに適切に対応する方法を教え、それを自ら実践できるように方向づけることが肝要である。

5　情　動

　人間には喜怒哀楽の情動があるが、それらは欲求・動機や行動と密接に関わる要因である。たとえば、人は欲求が満たされれば喜び、欲求が満たされなければ怒りや悲しみが喚起されてそれを満たす行動へと動機づけられる。また、危険を察知または想像したとたんに恐れや不安を感じて逃避行動へと駆り立てられることがある。このように、情動には動機づけの働きがあると考えることもできる。ここでは、情動とは何かを定義したうえで、それを種類、機能、発達、理論の観点から述べる。

1　情動とは

　情動と類似した用語に、感情と気分がある。感情は、快―不快で表されるもので、身体的変化をあまり伴わずにおだやかに生じるものであり、強度は弱い。また、強度は弱くておだやかに生じるが比較的永続する心的作用が気分である。爽快な気分、憂鬱など、気象条件や健康状態などに影響されるものである。

　これに対して、喜怒哀楽のように身体的な変化を伴い急激に生起して短い時間で終わる比較的強い心の作用が情動である。情緒とも呼ばれる。情動に伴う身体的変化は、心臓がドキドキする、胃がきりきりと痛むといった心拍数、血圧、発汗、筋緊張などの生理的反応と、表情、しぐさ、逃避、攻撃といった身体反応および行動からなる。

2　情動の種類と機能

　プルチック（R. Plutchik）は、多様な情動を整理・分類して少数のカテゴリーで表わすことを試みた。図3-6は、その結果得られた基本情動である。まず、受容―嫌悪、恐れ―怒り、驚き―期待、悲しみ―喜びという8つを基本情動とし、これらを類似する情動が隣り合うように円環構造で示すことによって、さらに8つの中間情動を配置した。つまり、受容と恐れが混合した情動が服従であり、驚きと悲しみが混合したものが失望である。また、受容と嫌悪のように、円環上の対極にある情動は対照的な性質をもつことを示す。

　また、プルチックは、8種の基本情動に関する用語を主観的な体験に基づく表現、行動、生物学的機能の3つの側面から分類した（表3-2）。たとえば、恐れは、後ずさり・逃避という行動に結びつき、生物学的には護身という機能をもつ。怒りは、攻撃行動またはその準備状態によって相手を打破するという役割がある。悲しみは、泣く・叫ぶという行動となり、他者の救援を導く。このように、恐れは相手に従うことを伝え、怒りは相手に自らへの侵害を禁じたり、相手よりも上位にあることを知らせ、悲しみは他者に援助を促し、自らに休息を与えるという働きがある。したがって、情動は対人関係を

第3章 人を行動にかりたてるもの（動機づけ）

図3-6 基本情動（Plutchik, 1980）

表3-2 基本情動を表わす3種の表現（Plutchik, 1980）

主観的表現	行　動	生物的機能
恐れ、恐怖	後ずさり、逃避	護身
怒り、激怒	攻撃、咬みつき	打破
喜び、歓喜	配偶、ひとり占め	生殖
悲しみ、悲嘆	泣き、叫び	求援、修復
受容、信頼	抱き合い、睦み合い	合体、親和
嫌悪、嫌忌	吐き出し、排除	拒絶
予期、予知	調査、探索	探査
驚き、驚愕	停止、硬直	定位

調整し環境への適応を支えるうえでも重要な役割を有するといえる。

3　情動の発達

　情動は、生まれて間もない頃に出現し分化するといわれる。養育院にいる子どもを観察した結果に基づいて情動が分化する過程を検討したブリッジェス（K. M. B. Bridges）によると、情動は新生児の未分化で漠然とした興奮状態に始まり徐々に分化して2歳頃までに大よその情動が現われ、5歳頃には一応の完成に至るという。

　ブリッジェスが見出した情動の分化過程は、情動が基本的には外部環境からの影響を比較的受けにくい成熟によって発達することを示しているが、情動は学習や経験によっても形成される。たとえば、第6章で紹介する恐怖

(情緒)の条件づけのように、元々は情動と何の関係もない刺激が別の嫌悪刺激と対提示されることによって、ある種の情動を導くようになることがある。マムシにかまれて恐ろしい体験をした人が、それ以降、マムシはおろか動物園にいる蛇を見ただけで恐れをなして後ずさりしたりその場から逃げ出してしまうのは、まさにこの例である。

4 情動の理論

　情動はなぜ生じるのだろうか。最後に、情動の生理的起源に関する2つの理論を紹介しよう。私たちは、"悲しいから泣く""恐ろしいから震える"と考えがちであるが、ジェームズ（W. James）は、これとは逆に、"泣くから悲しい""震えるから恐ろしい"と考えた。具体的にいうと、ある刺激情報（たとえば、「危険」という情報）が大脳皮質に伝達され、それが内臓や骨格筋に身体的・生理的な変化をもたらす。そして、この身体的・生理的変化が大脳皮質にフィードバックされることによって、恐怖という情動が生じる。つまり、身体的反応が先にあり、それを知覚することによって情動が生じるという。ほぼ同時期にランゲ（C. G. Lange）も似通った説を唱えたことから、これをジェームズ・ランゲ説と呼ぶ。情動の末梢起源説ともいわれる。

　これに対して、キャノン（W. B. Cannon）とバード（P. Bard）はジェームズ・ランゲ説を批判して、情動の生起には脳の中枢である視床および視床下部という部位が重要な役割を果たすと考え、中枢起源説（キャノン・バード説）を唱えた。それによると、刺激情報が視床および視床下部に伝達され、それが大脳皮質および内臓や骨格筋などの末梢器官に伝わるという。そして、前者のルートによって情動体験が、後者のルートによって身体的・生理的変化が生じると考えた。

　これら2つの古典的理論は、中枢やプロセスの考え方に誤りがあると指摘されたが、大まかにいえば、これらの理論に基づく情動の生起過程の存在が両方とも確認されており、その後の情動研究に大きな影響を及ぼしている。

第 3 章　人を行動にかりたてるもの（動機づけ）

推薦図書

大坊郁夫編著（2004）『わたし そして われわれ ミレニアムバージョン』北大路書房
古城和敬・上野徳美・髙山智行・山本義史編著（2003）『あなたのこころを科学する Ver. 3』北大路書房
西本武彦・大藪　泰・福澤一吉・越川房子編著（2009）『テキスト現代心理学入門』川島書店
髙橋雅延・谷口高士編著（2002）『感情と心理学』北大路書房
梅本堯夫・大山　正・岡本浩一（1999）『コンパクト新心理学ライブラリ1　心理学―心のはたらきを知る―』サイエンス社
山内弘継・橋本　宰監修（2006）『心理学概論』ナカニシヤ出版

第 4 章

人のなりたち（発達）

1　人のなりたちとは

　4章では人がこの世に生を受けてから死を迎えるまでの発達について心理学の視点から学習する。

1　"発達心理学"って何だろう

　人間の発達に関する心理学的研究は古そうで新しい。当初は児童心理学と呼ばれていたものが発達心理学という名称に変わったのは1950年頃のことである。発達心理学では、伸びていく面だけではなく衰えていく面についても発達的変化としてとらえ、生涯発達心理学という視点から人のなりたちについて考えている。では、発達心理学を学ぶとどんな利点があるのだろうか。

2　"発達心理学"の面白さ

　電車の中でかわいらしい赤ちゃんと目が合い、思わずほほえみかけてみたところ、赤ちゃんは今にも泣きそうな顔をしてお母さんの腕の中に隠れてしまった。「無視された…」、「嫌われちゃったかな」、「子どもってかわいくないな」などと考えてしまいそうであるが、そんな時、発達心理学の知識があると「あ、あの子はお母さんと他の人の区別ができる時期になってきているんだ」と余裕を持った温かい目でその子をみることができるだろう。このよ

うに、発達心理学を学んでおくとさまざまな"よさ"を実感できると思われる。

では、人をよりよく理解するためにはどのような方法があるのだろうか。まず発達心理学の研究方法を簡単に紹介しておく。

発達心理学で用いられている研究法は次の5つに分類できる。自然な行動に焦点を当て、特定の行動の出現状況を記録する「観察法」。注目したい反応に影響する余計な要因を極力減らすことで純粋な発達上の能力を明らかにしようとする「実験法」。対象者との面談を通して相手の発達の状況を知ろうとする「面接法」。特定の内容に対する対象者の意見をたずねる質問紙調査と、一定の基準により選ばれた項目により構成された心理尺度測定が存在する「調査法」。対象者の発達状況を評価するために、基準が定められている検査を用いる「検査法」。これらの研究方法を目的に沿って組み合わせて使用する。次に、発達を理解するための時間的流れに関する3つの代表的な視点について触れておく。ある時点で、異なる年齢集団の違いを調べ、発達を明らかにしようとする「横断的研究」。同一集団について異なる時点での変化を調べ、時間（時代）の影響について明らかにしようとする「縦断的研究」。特定の世代や集団（コーホート）の発達が時代的な影響を受けている可能性を明らかにする「コーホート研究」。発達心理学では、以上の方法を中心としてさまざまな視点から人のなりたちについて検討している。

2　人のなりたちを促すもの

1　"遺伝"と"環境"

なぜ、人には個人差があるのだろうか。個人差を生じさせる要因としては、「遺伝」と「環境」が挙げられる。個人差に影響を及ぼす要因に関する論争は「遺伝（氏）か環境（育ち）か」という視点から100年以上続いていたが、近年では「遺伝（氏）も環境（育ち）も」というとらえ方になってきている。

第4章　人のなりたち（発達）

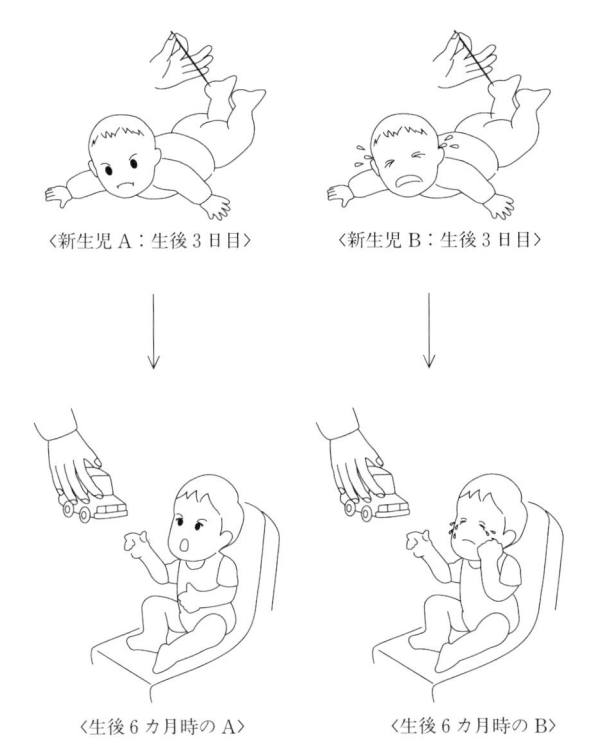

〈新生児A：生後3日目〉　〈新生児B：生後3日目〉

〈生後6カ月時のA〉　〈生後6カ月時のB〉

図4-1　ストレス気質実験（ストレスと気質の関連・菅原、2003参照）

　人はそれぞれ、物心ついた時から変わらないと思う自分の行動傾向と、親や友だちからの影響で変わったと思う行動傾向があるだろう。新生児のストレスに対する我慢強さを研究した研究（菅原ますみ、2003）では、新生児期から我慢強かった子は半年後も同様の傾向がみられたことを明らかにしている（図4-1参照）。維持されやすい環境の影響も考えられるため単純に遺伝の影響とは言い切れないが、人の変わらない部分を示す一例であるといえよう。
　1980年代に入ると行動遺伝学という「個人間の行動上の差異を生み出す遺伝要因と環境要因について研究する領域（R. Plomin, 1990、安藤寿康・大木秀一、1994）」も広く一般的に受け入れられるようになり、環境的要因のみならず遺伝的要因も発達と共に変化していくことが研究から明らかにされてきて

いる。このように人のなりたちには遺伝と環境が相互に影響し合い、密接に関わっていることがわかる。

2 "成熟"と"学習"

英才教育が過熱化する昨今、乳幼児を抱えたお母さん、お父さんにお会いすると「いつ頃から習い事をさせるといいですか？」、「英語はもう教育し始めた方がいいんですよね」といった質問を受けることが多い。人はいつから教育を受けると効果的な学習ができるのか。これは昔から注目されている問題である。

子どもの成熟を待つことが大切であるという結果を示した研究として、ゲゼル (A. L. Gesell, 1929) の双子を研究対象とした「階段登り実験」が挙げられる。双生児の一方には生後46週目から6週間階段登りの訓練をし、もう一方にはその間訓練をさせず、7週遅れで53週目から2週間の訓練を行なった。その結果、訓練を長く受けていた子と訓練を3分の1しか受けていなかった子との差はほとんどないことが認められた。つまり、発達は基本的に神経系の成熟によって規定され、学習が効率よく定着するためには一定以上の成熟状態に達していることが必要であることが示唆されたものといえよう。この研究に対しては批判もあるが、この時代には「子どもの内的な成熟を待って行なわれるべきである」という教育観が強かったことがうかがえる。一方、ヴィゴツキー (L. S. Vygotsky, 1962) は、「教育は発達の1歩前を進むべきである」と主張し、大人や仲間からの教育や誘導などでやり遂げることのできる発達の部分を「発達の最近接領域 (zone of proximal development)」と呼び、子どもの教育に関する積極的な面を支持している。このように、人のなりたちはさまざまな要素が複雑に絡まり合いながら促されていることがわかる。つまり、人の発達を促す効果的な教育を行なうためには、その人自身がもともと持っている遺伝的な要素とその人を取り巻く環境的な要素を考慮しながら対応していくことが求められる。

第 4 章　人のなりたち（発達）

3　発達のとらえ方

　発達のとらえ方はさまざまであるが、本章では年齢的・身体的変化に伴う心の発達について、「発達課題」に触れながら学習する（表 4-1 参照）。発達課題とは、個人が社会的に健全に成長するためにそれぞれの段階で習得が必要な課題である（発達心理学辞典、1995）。表 4-1 では、人の発達を大きく 8 つの段階「発達段階」に分け、その発達の時期にとって重要であると考えられる課題「発達課題」を設定している。以降の節では、発達課題について詳しく説明しながら、人が発達課題を解決する際に必要な要素についても紹介していく。

表 4-1　発達段階と心理社会的危機（エリクソン〔E. H. Erikson, 1986〕を改訂）

発達段階	時期	発達課題 （心理社会的危機）注
①胎芽期・胎児期	受精から誕生まで	—
②新生児期	出生から約 1 カ月まで	基本的信頼 対 基本的不信
③乳児期	出生から約 1 年、もしくは 1 年半ぐらいまで	
④幼児期	出生から約 1 年もしくは 1 年半から小学校入学以前まで	自律　対　恥と疑惑
	3 歳頃から 6 歳頃まで	積極性　対　罪悪感
⑤児童期	おもに小学生の時期	生産性　対　劣等感
⑥青年期	中学・高校・専門学校・短大・大学生の年齢の時期	自我同一性確立 対 自我同一性の拡散
⑦成人期	就職や結婚などを経て 50 歳代ぐらいまで	親密さ　対　孤立
（中年期）		生殖性　対　停滞
⑧老年期	主に 60 歳代以降	統合性　対　絶望

注）各発達段階に設定されている発達課題を習得できなかった場合には危機状態に直面することから、エリクソンは心理社会的危機と定義している。

3　赤ちゃんのこころ

1　生まれる前から大天才？──胎児期・新生児期・乳児期の能力
1）五感の発達

「生まれたばかりの人間の心は空白の石板（タブラ・ラサ）である」（J. Locke, 1690）といわれた時代からつい最近まで、赤ちゃんは無力な存在だと考えられていたが、近頃の乳幼児研究から、胎児・新生児・乳児が空白状態ではなく、かなりの能力を持っていることがわかってきている。胎児が指しゃぶりをする様子（図4-2参照）からは、胎児期からすでに感覚機能と運動機能を上手に使えていることがわかる。視覚は誕生後6カ月～8カ月でほぼ大人と同様の視野を持てるようになるといわれており、顔らしいものを見続け

図4-2　胎児の指しゃぶり（L. Nilsson & L. Hamberger, 1990）

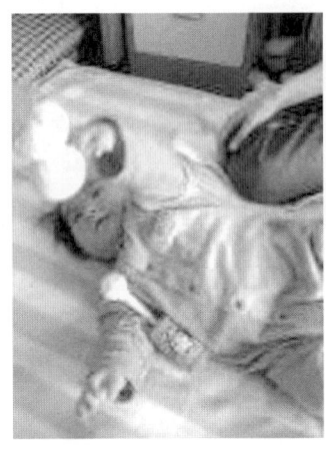

図4-3　新しいおもちゃに興味津々

る行動は生後10時間程度でも認められている。色の識別は生後4カ月ではほ大人と同じ基準で区別が可能である。また、聴覚・臭覚・味覚・痛覚・触覚についても生後すぐ、または生後数日の段階から成人レベルに達していることが多くの研究から指摘されている。

2）認識能力の発達

生後5日の赤ちゃんが人の顔を見ることを好むことはファンツ（R. L. Fantz, 1961）の実験からも確認されており、かなり早い段階から物と人の違いを認識できていることがわかる。また、赤ちゃんが同じものを与えられ続けると慣れや飽きが生じ、次第に注意しなくなること（馴化）からは同一の対象と新奇な刺激を識別できていることがうかがえる（図4-3参照）。

2　人見知りは成長の証——乳児期の対人関係

1）親子の関係

お母さんの機嫌がいいと赤ちゃんの機嫌もよく、逆にお母さんが無反応だと赤ちゃんも不安になり泣き出すといった反応からは、赤ちゃんが生まれながらにして人の情緒に応答する機能を備えていることがわかる。この機能は他者からかわいがられ、養護されるために不可欠なものである。また、乳児がことばの前のことば（クーイングやバブリングと呼ばれる）を利用し、養育者（主に母親）と会話（会話の前の会話）を楽しんでいる様子がみられる。

このような養育者と乳児の相互作用をスターン（D. Starn）は情動調律と呼び、養育者側が乳児の発信している信号を適切に読み取ること（情緒応答性）ができていると乳児の情緒的安定が形成されやすいと考えられている（R. Emde & A. Samerof, 2003）。

2）愛着の形成

乳児期の発達課題（表4-1参照）である「基本的信頼」は、基本的に人は信頼できる対象であると感じることのできる状態を指しており、愛着対象との関係性が影響を及ぼすものと考えられている。では、愛着とはどのようなものであろうか。

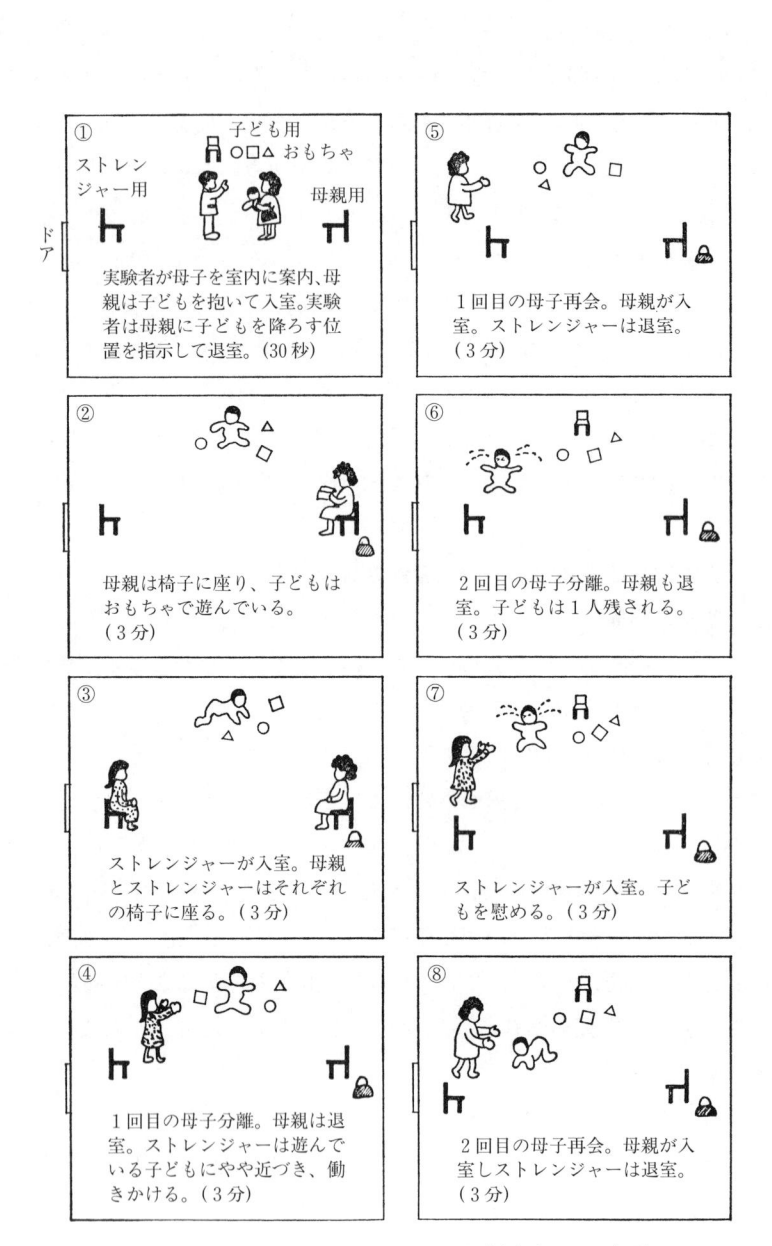

① 実験者が母子を室内に案内、母親は子どもを抱いて入室。実験者は母親に子どもを降ろす位置を指示して退室。(30秒)

② 母親は椅子に座り、子どもはおもちゃで遊んでいる。(3分)

③ ストレンジャーが入室。母親とストレンジャーはそれぞれの椅子に座る。(3分)

④ 1回目の母子分離。母親は退室。ストレンジャーは遊んでいる子どもにやや近づき、働きかける。(3分)

⑤ 1回目の母子再会。母親が入室。ストレンジャーは退室。(3分)

⑥ 2回目の母子分離。母親も退室。子どもは1人残される。(3分)

⑦ ストレンジャーが入室。子どもを慰める。(3分)

⑧ 2回目の母子再会。母親が入室しストレンジャーは退室。(3分)

図4-4 ストレンジ・シチュエーション法（繁多進、1987 参照）

乳児はかなり早い段階から母親と他者を識別できてはいるが、生後約6カ月までは誰に対してもあまり差別なく愛想がよいものである。しかし、6カ月頃をすぎると安定した愛着対象を特定し、愛着対象以外にあやされると泣き叫ぶなどの拒否的な反応を示すようになる。これは愛着対象との関係性が発達してきているからこそ生じる人見知りの現象である。このように養育者と乳児との愛着関係は相互作用を通して発達していくものである。この相互作用をボウルビィ（J. Bowlby, 1976）は愛着理論（アタッチメント理論）と呼び、その後、エインスワース（M. Ainthworth, 1978）によって愛着の形成状況を測定するストレンジ・シチュエーション法が開発された（図4-4）。乳児が見知らぬ他者（ストレンジャー）と母親に示す反応を観察し、記録、測定した結果からA群：回避群－母親への接近・接触欲求が低い、B群：安定群－母親を安全基地とする、C群：抵抗群－不安を示す傾向が強い、に分けられ、世界中で利用されている（近年では、前述の3群にD型：無秩序群－他の群に分類不能群、も加えられている）。このように乳児は養育者との愛着関係を形成し、自らの発達環境を調整しているといえよう。

4　子どものこころ

1　小さな探検家——幼児期の能力
1）ことばの獲得

子どもが生まれて初めて口にすることばが「パパ」なのか「ママ」なのか、養育者にとっては一大イベントであろう。一般的に子どもは生後約1年頃から「パパ」や「ママ」、「ブーブ」といった1語文を獲得する。ことばの獲得過程については2つの理論（①学習理論：周囲の会話を聞いて覚えたり、養育者から教えられたりすることによる学習過程から習得するとする理論。②生得理論：もともと人には言語を習得する機能が備わっているとする理論）があり、どちらも言語獲得には不可欠な要素であると考えられている。1歳半から3歳頃になると「ママ

来テ！」、「ワンワン　カワイイ」といった2語文（電報のような表現なので電報文体ともいわれる）が獲得される。3歳以上になるとより複雑な表現を用いることが可能になり、4歳から7歳でほぼ大人と同じような表現方法を用いるようになってくる。養育者にとっては成長がうれしいと同時に「何だかだんだん生意気になってきたな」と感じる時期でもあろう。

2）自我の芽生え

何でも「自分でやる！」と主張し、まだ届かないにも関わらず、電話をとろうとし、母親よりも先に電話口に出ようとしていたAちゃん。何に対しても、「イヤ！」といい、自分の思う通りにならないことが許せないTくん。こういう時代がくると親は大変困惑するが、子どもの成長にとっては大切な時期である。この時期は第1次反抗期と呼ばれ、一般的には2、3歳頃にみられる。反抗的になるということは、自分と養育者との違いに気づき始めたことの証拠であり、「自我の芽生え」としてとらえることができる。子どもたちは反抗期を通して自主性や自発性を育てるため、養育者側としては子どもの考えを尊重しつつ、しつけを行なうことが大切であろう。親を中心とした周囲の人々からのしつけにより、自分の主張が通らないこともあるという認識が生まれ、自己中心的な世界から脱することにつながると考えられている。幼児期の発達課題は「自律性　対　恥、疑惑」、「積極性　対　罪悪感」（表4-1参照）であり、子どもたちはトイレットトレーニングや衣服の脱ぎ着など、生活をしていくうえで大切な能力について「自分1人でできるんだ」という自信を形成することを通して自律性や積極性を身につけていく。

2　学校との出会い――児童期の能力

1）知的能力の発達

子どもの知的能力はどのように発達していくのであろうか。子どもの知的能力について、ピアジェ（J. Piaget, 1964）は4つの段階を設定している。第1段階（0歳～2歳）：感覚運動期－感覚と運動の協応により環境の変化に適応する時期。第2段階（2歳～6、7歳）：前操作期－自己中心的な世界が展

第 4 章　人のなりたち（発達）

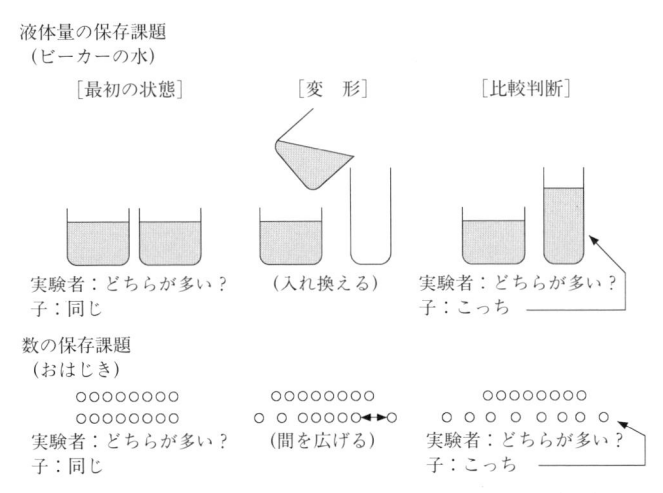

液体量の保存課題
（ビーカーの水）
　　　　［最初の状態］　　　　　［変　形］　　　　　［比較判断］

実験者：どちらが多い？　　（入れ換える）　　実験者：どちらが多い？
子：同じ　　　　　　　　　　　　　　　　　　子：こっち

数の保存課題
（おはじき）

実験者：どちらが多い？　　（間を広げる）　　実験者：どちらが多い？
子：同じ　　　　　　　　　　　　　　　　　　子：こっち

図 4-5　保存課題実験（J. Piaget, 1964、山本利和編、1999 参照）

開している時期。第 3 段階（6、7 歳〜11、12 歳）：具体的操作期－ものの外観が変わっても実際的には変化していないという概念を獲得する時期。第 4 段階（11、12 歳以降）：形式的操作期－抽象概念を獲得する時期だといわれている。図 4-5 に示されている保存課題は 5 歳頃から間違えなくなることが認められている。

２）道徳観念の獲得

人が快適な社会生活を営むためには、道徳性を身につけている必要がある。では道徳観念はどのように発達していくのであろうか。コールバーグ（L. Kohlberg, 1971）は「道徳的ジレンマ」のテストを実施し道徳性の発達を示した（表 4-2）。同様のテストが各国において実施され、一般的傾向として文化を超えて道徳判断の発達的変化は不変的であることが確認されている（J. Snarey, 1985）。ちなみにコールバーグ（1961）の研究から、道徳性の水準が本質的に自律する（6 段階に至る）のは 25 歳頃であるといわれている。

表 4-2　コールバーグによる道徳性発達段階（L. Kohlberg, 1971）

水準	段階	志向	例
前慣習的水準	0段階	自己欲求希求志向	よいことは自分が好きなことである。
	1段階	罰と従順志向	罰と権威によって善悪が決まる。
	2段階	道具的相対主義志向	報酬が得られれば、善悪の判断を変える。
慣習的水準	3段階	他者への同調「良い子」志向	よいことをすると他人からほめられるという意識に基づく善悪の判断を行なう。
	4段階	法と秩序志向	正しいことは義務を果たすことであるという意識に則って判断する。
慣習以降の自律的・原則的水準	5段階	社会的契約・法律尊重・個人の権利志向	法の範囲を超えた、個人の判断が存在することを認識し、善悪の判断を行なう。
	6段階	普遍的な倫理的原則（良心または原理への）志向	人間としての尊厳を尊重することが善悪の判断基準になる。

3　友だちは大切だ——幼児期・児童期の対人関係

1）遊びを通した学習

　幼児期においては、きょうだいや友だちとの遊びは、対人関係を習得するうえで不可欠な要素である。他者と自己との考え方の違いを体得しながら、自分の欲求をコントロールすること、他者に対する思いやりのこころを持つことなどを学んでいく。また、この時期はごっこ遊びを行なうことが多い。擬似的に他者になりきることは社会を学ぶと同時に、自分の性や自分の役割について認識することにつながる。つまり、子どもは遊びを通して社会的認知能力を高め、他者の感情理解・社会的ルールの理解を行なっているといえよう。パーテン（M. Parten, 1932）は、友だち関係の形成過程を下記のようにとらえている。始めは遊んでいるというよりも見ている状態から、1人で遊べるようになり、他の子が近くにいても気にせず1人で遊んでいる状態から、

他の子の遊びと関連のある遊びを始め、最終的には他の子と一緒に遊べるようになる。このような経過の中で友だち関係も形成される。

2）仲間意識の形成

友人関係・仲間関係はどのように形成されていくのであろうか。幼い頃は単に近所に住んでいるという理由で友だちになることが多いであろうが、成長と共に「同じ部活だから」「気が合うから」といった理由に変化していくといわれている（田中熊次郎、1975）。サリヴァン（H. S. Sullivan, 1953）は児童期に良好な仲間社会を形成できることは人としてなりたつ際に大切な要素を担っていると指摘しており、この時期に親密な友人関係を形成し、仲間から受容される経験をしていることがその後の恋愛関係、夫婦関係、親としての親子関係形成にも役立つと指摘している。児童期の発達課題は「生産性　対　劣等感」であり、他者と自己を比較することによる自己認識が高まる時期である。この時期に良好な仲間関係が形成できることはよいライバル関係形成につながり生産性を高める役割を果たすものといえよう。

5　若者のこころ

1　自分探しの旅へ——青年期の発達

1）アイデンティティの確立

青年期は、それまでの時期以上に「自分は何者だろうか」「自分は将来何になるのだろうか」など、自分について考える時期である。自分の存在について考え、自分自身であるという感覚をエリクソン（E. H. Erikson）はアイデンティティ（＝自我同一性）という言葉で表現している。青年期の発達課題は「自我同一性の確立　対　自我同一性の拡散」であり、自我同一性が確立できると、自分に自信を持ち、社会人として生活していく方向性もみえやすくなってくる。マーシャ（J. E. Marcia, 1966）はアイデンティティを4つのタイプでとらえている（表4-3）。現在のみなさんはどのタイプにあてはまるであ

表4-3 アイデンティティのタイプ (J. E. Marcia, 1966)

アイデンティティのタイプ	状態
統合志向	自らのことを真剣に考え、自分の選択に責任をもつことができる。
モラトリアム（心理社会的猶予期間）	自分の方向性を見出そうと奮闘している最中。
フォークロージャー	年長者の価値観を鵜呑みにしている。表面的には適応。
拡散	自分の方向性がわからなくなり途方にくれている。無気力。

あなたは「アイデンティティ」を確立できている？

現在のあなたにあてはまる項目に☑をつけて下さい。
- □ 1．私はときどき、いったい自分はどんな人間なのかわからなくなる
- □ 2．異性とデートすることなどめったにない
- □ 3．今の自分は本当の自分ではない
- □ 4．私は自分に自信がもてないことがある
- □ 5．私は自分がどう生きればよいかわからない
- □ 6．私には不安なことがたくさんある
- □ 7．自分の考え（価値観）が正しいかどうか迷う
- □ 8．ときどき、無責任な行動をとってしまう
- □ 9．困ったときには親の考えに従うことにしている
- □ 10．本当にやりたい仕事がまだ見つかっていない

いくつ☑がついたでしょう？
☑が7つ以上ついた人は、アイデンティティがまだ確立できているとはいえません。
☑の数が少ない人ほど、アイデンティティの確立に近づいていることになります。

アイデンティティがまだ確立できていないからといって、必要以上に落ち込む必要はありません。まずは自分の現状に目を向け、これからの生き方を考えるきっかけとして使ってください。

(参考文献：小野寺敦子〔2009〕『手にとるように発達心理学がわかる本』かんき出版)

図4-6 アイデンティティ・チェックシート

ろうか。

　アイデンティティが確立されるには、「自分は自分でいいのだ」という自己受容感の形成が大切である。大学生の男女388名を対象とした自己評価に関する調査（眞榮城和美、2003）から、男女共に「自分の容姿に満足している」、「友人関係が良好である」、「自らの創造性に自信がある」という3点が自己受容感の形成に大きく影響していることが認められている。つまり、自

分の見た目にある程度満足できていることや、友人関係に満足できていること、自分が創造的な活動を行なえると思えることがアイデンティティの確立にも影響を及ぼしているものといえよう。特に、青年期は声変わりや初経・精通などの第2次性徴と呼ばれる身体的な変化を迎える時期でもあり、自らの性別をどのように受け止めるかも大きな問題となる時期である。また、自分の性別を自覚しつつ、異性的と認知される性格特性も心理社会的に必要であれば統合しようとするジェンダー（心理社会的性）アイデンティティを確立できると、適応的な社会生活が送れるものと考えられている。

2）職業の選択

「将来何になりたい？」という質問に対し、幼い頃は「サッカー選手になる！」や「アイドルになりたい」といった憧れの対象を挙げることが多かったであろう。小さい頃からの夢を実現できる人もいるだろうが、多くの場合は青年期になり、自分の適性や生活環境などを配慮した職業選択を行なうことになる。就職活動をしている大学生からは「本当はあんまり興味ないんですけど、一応エントリーシートは送っておこうかな」という声も聞かれる。一方、「やりたいことをやれる場は自分で創るしかないと」と、若くして起業する者もいるだろう。最近ではNEET (Not in Employment, Education or Training) と呼ばれる「職についていなくて学校にも行かず、求職活動もしていない若者」の存在も注目されている。いずれにしても自分の選択に納得し、自分の行動に責任を持てるようになることがアイデンティティ形成につながっているのである。

図4-6のチェックシートを用いて自らのアイデンティティがどの程度確立されているかを確認してみよう。

2　自立へ向けて──青年期の対人関係

1）親との関係──"心理的離乳"

最近では「ともだち親子」が増えてきているようではあるが、児童期後期頃から一般的には親と行動を共にすることが鬱陶しく感じる時期となる。親

(1) 母子関係の変化

- ——— (B) 抱え込む
- —·— (P) 危険から守る
- ---- (S) 困難時の支援
- —··— (C) 手を切る
- ━━ (T) 信頼承認
- ······ (R) 頼りにする

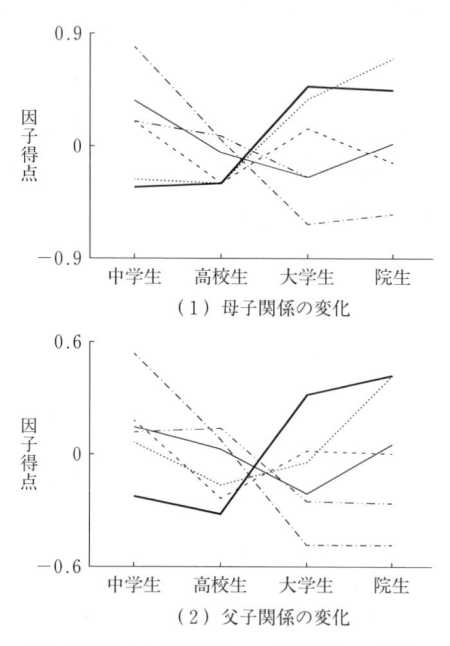

(2) 父子関係の変化

注）落合らは心理的離乳が、①抱え込む、②守る、③成長を念じる、④手を切る、⑤対等、という5段階を経て行なわれるという仮説をたてて質問し、調査を行ない、抽出された因子と仮説を関連づけた。

図4-7　心理的離乳過程（落合・佐藤、1996参照）

図4-8　助け合う友人関係

にとっては寂しいものであるが、子どもが精神的に自立していくためには大切な過程である。この過程を心理的離乳とし、発達段階による違いをまとめた落合良行・佐藤有耕（1996）の報告からは、「守られている」感覚から、親に「信頼されている」と思う状態に至る様子が示されている（図4-7）。

2）友だちとの関係——"親友"の大切さ

青年期に入っても親からのサポートは必要ではあるが、その重要度は少しずつ友人関係に移行していく。恋愛や将来についての悩みを打ち明けることができ、自分の立場になって一緒に考えてくれる友だちの存在が自己成長にも影響しているものと考えられる（図4-8）。「親友と呼べる友だちがいる」ことが精神的健康維持に役立っていることが明らかにされている（酒井厚、2005）ことからも、友だち関係の重要性がわかる。

3）恋愛関係——"異性"に対する考え方

「あの先輩、カッコイイ」や「あの女の子、かわいいなぁ」といった異性に対する感情は多くの人が青年期以前から経験しているものと思われるが、プラトニックな恋愛から一歩踏み出した恋愛関係が始まるのは青年期以降であろう。

同じ相手に対しても時間の経過と共に恋愛感情が変化していくこともあるだろう。青年期の男女を対象として恋愛関係における親密化が他の対人関係にも影響を及ぼすかどうかについて検討した研究（多川則子・吉田俊和、2002）からは、親密な関係性が進展しているとその関係性が進展する以前よりも他者との協調性を重視するようになり、自分の意見を主張することの大切さにも気づくようになっていることが認められている。このように恋愛関係の進展は対人関係形成や自己形成にも影響しているものと考えられる。

6 大人のこころ

1 素敵な"大人"の生き方——成人期の発達
1) 社会人としての責任感
　近年の経済情勢を受け、会社への責任意識や、社会への謝罪意識から自殺する大人が増加している（総務省、2005）。このような状況をみていると「大人になると辛いことが多そうだ」、「大人になってもいいことはない」と考えがちになるかも知れない。以前にも、「ずっと子どものままでいたい」、「責任を負う立場になりたくない」という若者が蔓延し、ピーターパン・シンドロームという言葉が流行した時期があった。確かに大人になるということは社会的な責任を負わされることも多くなるが、責任が与えられるおもしろさもあるだろう。経済力もつき自分の判断で行動を決定できる自由の幅も広がる時期でもある。

2) 自分らしさの追求——"夢"の再確認
　成人期はちょうど人生の折り返し地点であり、「自分は本当にこの仕事がしたかったんだろうか」、「私はこのまま一生を終えてしまっていいのだろうか」など、今までを振り返りつつ、自分の死という終着点から残りの人生について考え始める時期といわれている。自分の夢を実現するには今しかないと考え直しラーメン屋さんに転職する人、家族と自然の中で生活したいと考え沖縄に転居する人など選択はさまざまある。このように、成人期は一見安定しているようにみえるが実はさまざまな危機を抱えており、自分らしさの再発見がその後の人生の充実に大きく影響を及ぼすものといえよう。

2 新たな環境づくり——成人期の対人関係
1) パートナーとの関係——育った環境が違う者同士の出会い
　成人期の発達課題は、「親密さ　対　孤立」であり、この時期に家庭や仕事場面において親密な関係を築くことのできる相手や仲間と出会えることが

第4章 人のなりたち(発達)

精神的健康に影響しているものと考えられている(表4-1参照)。特に夫婦関係の形成が大きな課題となる時期であるが、晩婚化・非婚化は先進国に共通の現象であり、特にヨーロッパ圏では事実婚や同棲が制度化され財産分与や養育権が法的に規定されているため、法的な婚姻関係を選択しないカップルも多い(スウェーデンにおける法的事実婚、サムボカップルの割合は30％以上であると報告されている：内閣府、2004)。また、同性同士の婚姻関係を法的に認める国や地域も増えてきている。ライフスタイルは多様化し夫婦の形態もさまざまであるが、育った環境の違う者同士による親密な関係性の構築が重要な時期であることがわかる。

2) 親子の関係——"子育て"と"介護"

成人期の後半(中年期)の発達課題は、「生殖性　対　停滞」であり、この時期には子育てや後進の育成など生殖性に関わる活動に専念する時期である。

0歳から3歳までの子どもを持つ母親の子育て不安について調査した研究

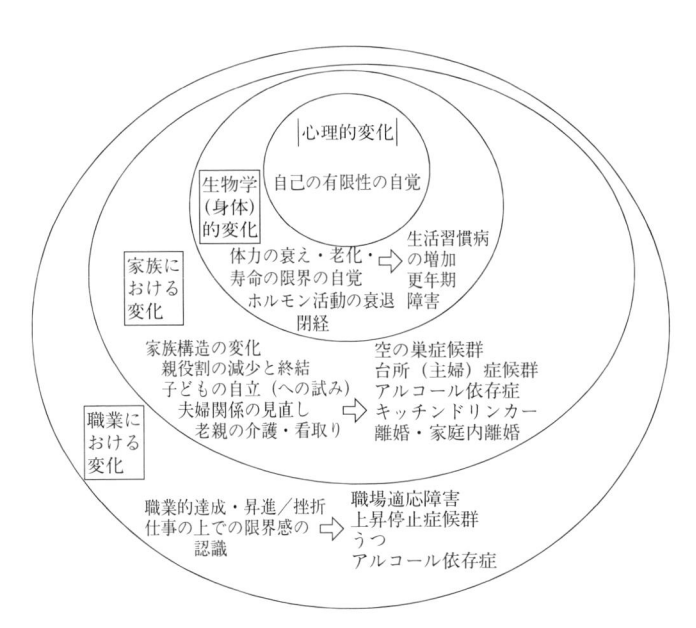

図4-9　中年期の危機構造(岡本、2002参照)

(繁多進・菅野幸恵、2003)からは、約44％の母親が「子育てでとても悩んだり、心配したことがある」と報告している。その背景には、核家族化による母子密室保育などの影響が考えられることから、保育園や幼稚園、地域の保健センターなどの協力により、地域社会に開かれた子育て支援が活発に行なわれるようになってきている。また、児童虐待の報告件数も年々増えている(厚生労働白書、2011)ことを考えると、さらなる子育て支援の方法を考える時期になってきているといえよう。

　この時期には老親介護の問題も浮上してくる。高齢者虐待に関する報告(小林篤子、2004)からは子育て同様、介護問題も深刻な事態を迎えている。介護する側にとってもされる側にとっても快適な環境を提供できるよう、問題を家族だけで抱え込まず地域社会のサポート資源を有効に利用していきたいものである。

　3）仲間関係──共に危機を乗り越える

　岡本祐子(2002)は中年期の危機を構造化し危機的状況にうまく対応できないとどのような事態に陥りやすいかを図式化している(図4-9参照)。中年期の危機を乗り越えるためには、家族のみならず、同様の危機を体験している仲間同士の支え合いも重要な役割を果たしている。

7　老人のこころ

1　次世代を育てるために──老年期の発達
1）こころと体の変化──"衰え"への気づき

　老年期に入ると、視力、腕力、脚力などの身体機能が低下し、今までできていたことができなくなることによる自信の喪失を体験する。また、更年期障害や認知症など老年期になると罹りやすい症状もあり「身体的な衰えにどのように気づき対応するか」がこころの健康に大きく関わってくる。日本においては男女共に平均寿命も伸びてはいるが近年では老年期の病苦が原因と

第4章　人のなりたち（発達）

される自殺も多く報告されていることから、健康寿命（平均余命から重度のけがや病気など不健康になった期間を差し引いた年齢）が注目を集めている。ちなみに2010年度時点における日本人の健康寿命は、男性70.42歳（平均寿命79.55歳）、女性73.62歳（平均寿命86.30歳）と報告されており（厚生労働省、2010）、単に長寿であることを目指すのではなく、「健康で支障なく日常生活を送れること」の重要性が強調されるようになってきている。

2）人生を振り返る──自分史の作成

最近、「自分史を書いているんです」という老年期の方にお会いする機会が多い。自分史とは自分の人生を振り返りまとめる作業を意味している。老年期の発達課題は「統合性　対　絶望」であり、「自分の人生は何だったのだろうか」「自分は人生の中で何を残したのだろうか」など自問自答した時、自分で納得できる回答が得られると絶望的になりすぎず穏やかな老後を迎えられるであろう。

2　楽しい老後のすすめ──老年期の対人関係

1）夫婦の関係──"熟年離婚"はなぜ起こる

熟年離婚とは一般に結婚20年目以降に離婚すること、子育てを終えた後に離婚することを指している。近年、熟年離婚は増加の一途をたどっており、結婚20年以上の継続後の離婚件数は年間4万件以上で、全離婚件数のおよそ20％弱となっている。

女性と男性では配偶者に対する愛情の変化が異なることも明らかにされ、特に女性は年々配偶者への愛情が低下していることが報告されている。女性側の配偶者に対する愛情が低下する一要因として、

図4-10　楽しい老後

子育て期における夫との意識のズレが指摘されている（菅原ら、2002）ことを考慮すると、老年期を楽しく過ごすためには老年期以前からコミュニケーションをとり、お互いにとって良好なパートナーシップを形成していくことが求められよう。

　2）親子の関係──子どもとの関係・孫との関係

　老年期の精神的健康には夫婦関係だけではなく、親子関係、祖父母関係といった対人関係も重要な役割を果たしている。特に孫育ての機会を得ることは、自分の子育てを再吟味し、孫世代という未来の世代を育てているという感覚を得ることができるため、これまでの人生を受容し統合していく過程に大きく影響を及ぼしていることが指摘されている（E. H. Erikson & H. Q. Kivnick, 1986)。老年期を豊かにする対人関係として、仲間との関係も重要な役割を担っていることはいうまでもない。子どもや孫、友人との良好な関係性を築くためには、年代の違いや文化の違いを理解し、お互いの生活を尊重しながら支え合うことが必要であろう。

　3）死の受容

　人は「死」を無視してなりたつことはできない。キューブラー・ロス（E. Kubler-Ross, 1969）は人が死を受容するまでには怒り・否認・取り引き・抑うつ・受容の5段階があると想定している。なお、死の受容には、①自分自身の死を受け入れること、②重要な他者の死を受け入れることの2種類が考えられる。先に示した過程は自分自身の死について受け入れることを中心に記述されてはいるが、重要な他者の死を受け入れる経過にも適用可能な理論である。このように、死をどのようにとらえるかということも人のなりたちに大きな影響を及ぼしていることがわかる。

　以上、本章では人のなりたちについて発達心理学の視点から学習した。今後も、人のなりたちについて興味を持ち、人のなりたちについて学んだことを豊かで楽しい人生に活用してみてほしい。

第4章 人のなりたち（発達）

推薦図書―――――――――――――――――――――――――――――
繁多　進（1987）『愛着の発達』大日本図書
川島一夫編著（2001）『図でよむ心理学　発達（改訂版）』福村出版
無藤　隆・岡本祐子・大坪治彦編（2004）『よくわかる発達心理学』ミネルヴァ
　書房
菅原ますみ（2003）『個性はどう育つか』大修館書店
山本利和編（1999）『現代心理学シリーズ7　発達心理学』培風館

第 5 章

その人らしさ（パーソナリティ）

　本章では、その人らしさを表わすパーソナリティについて、まず、心理学における概念とその発達に関わる形成要因についてみていく。さらに、具体的なパーソナリティの種類と理論、その種類を測定する研究方法について取り上げ、心理学におけるパーソナリティ研究の意義と成果について概観する。

1　その人らしさとは

　人間としての「その人らしさ」への興味・関心は今を生きる私たちの時代に限ったものではない。紀元前の書物に、ギリシャの哲学者アリストテレス（Aristotle）の弟子であるテオプラストス（Theophrastus）は、「人さまざま」として以下のような人の特徴を記述している。恥知らず、横柄、虚栄、独裁好み、貪欲、空とぼけ、粗野、無頼、悪態、悪人びいき、へつらい、無駄口、お愛想、おしゃべり、噂好き、お節介、迷信、けち、嫌がらせ、頓馬、臆病、上の空、へそまがり、不平、疑い深さ、不潔、不作法、しみったれ、ほら吹き、年寄りの冷水。このように、昔の人もその人らしさというものに関心があり、またその人を表わす特徴にも、現代に通じるものがあるといえる。
　私たちは、日常生活で、あの人は社交的で明るい人だ、自分は神経質で几帳面だというように言葉で性格を表現することがある。また、その性格の原因については、親に似ていて生まれつき、あるいは、あの時の体験が私の性

格を変えた、あの人は血液型が××型だからしょうがない、といったようにさまざまな理由づけを行なう。たとえば、血液型と性格の関係は、日本ではいわゆる占い的にテレビやメディアで取り上げられることもあり、日常会話でも話題になることがある。しかしながら、心理学では血液型とある特定の性格が関係しているという研究よりも、血液型とステレオタイプとの関係についての研究がみられる。たとえば、詫摩武俊・松井豊（1985）の行なった血液型と性格に関する研究では、「A型」の性格タイプの文章に、実際の血液型ではO型の人が「自分にあてはまる」と統計的には有意に多く回答したという。さらに、詫摩は、血液型と性格との関係を信じやすい人には、親和欲求（人と一緒にいたい）、社会的外向性（人付き合いが好き）、追従欲求（権威あるものに従いたい）が高いということを統計に基づく研究結果から指摘している。

　哲学に起源を持ち、科学であろうとする心理学において、「その人らしさ」は、心理学のどのような領域で研究されているのだろうか。その人らしさを表わす日本での心理学の関連用語には、パーソナリティ、性格、人格、気質といった用語がある。心理学は極めて多様な領域に分かれているが、その人らしさの研究領域も、パーソナリティ心理学（人格心理学、性格心理学）、臨床心理学、犯罪・非行心理学、発達心理学、教育心理学、社会心理学など多岐にわたっている。特に、臨床心理学や犯罪・非行心理学では、その人らしさ（パーソナリティ）は極めて重要な役割を持っている。ある個人のパーソナリティの測定は、その人に合った心理療法、あるいはその人に合った逸脱行動の矯正や改善などにつなげることができるからである。また、健常者であっても、パーソナリティを知ることは、その人の個性に応じた学校教育や親のしつけ、職場での研修などにおける活用に大きな意味をもつ。

　パーソナリティ（personality）は、ある個人の個性や個人差を表わし、その人を特徴づけている基本的な行動傾向を指す。パーソナリティという用語の語源は、ラテン語のペルソナ（persona）に由来するといわれている。ペルソナとは、演劇で用いられる仮面を意味している。それが転じて、俳優が演

第5章　その人らしさ（パーソナリティ）

じる役割を意味するようになり、そこからさらにその役を演じる人を意味するようになった。パーソナリティという用語は、主にアメリカでの心理学で用いられ、社会で演じる役割という意味合いから、その人の環境に対する適応機能に関する全体的特徴を表わすようになった。また、オルポート（G. W. Allport, 1961）によれば、パーソナリティとは、各個人の内部にあって、その個人に特徴的な行動や思考を決定するところの、精神身体的体系の力動的組織であると定義されている。つまり、パーソナリティとは、その人に一貫した行動をとらせ、また他者と異なる行動をとらせるような安定した内的構造であるといえる。そして、パーソナリティという用語は、日本語では、主に臨床心理学の分野においては「人格」と訳される。しかしながら、日本語としての人格には、「人格者」や「高潔な人格」といったように道徳（moral）や品性といった意味合いを含むことが多い。そのため、パーソナリティは、日本語としては、研究対象によっては「性格」という訳語が用いられることがある。

　性格（character）は、語源としては、ギリシャ語の「刻み込む」という意味に由来している。これは、土地の境界に目印の石を置いて、所有者の名前などを刻み込んでいたので、そこから転じて標識の意味を表わすようになった。このような背景から、心理学における「性格」という用語は、その概念が生まれた当初、遺伝的・生得的に規定された変化しにくい個人的特徴を表わすものと考えられていた。

　この性格とパーソナリティという用語の相違であるが、パーソナリティは、態度、興味、価値観なども含むため、性格よりもさらに広い概念といえる。また、やや固定的な意味合いを持つ性格に比べ、パーソナリティは、学習によって後天的に獲得されるものであり、環境によって変化しうるものであると考えられている。

　パーソナリティという用語に関して、心理学の学会でも、日本性格心理学会が日本パーソナリティ心理学会に名称変更（2003年）を行なっている。広範な領域からなる心理学では、パーソナリティ、人格、性格といった用語は、

必ずしも統一されているとはいえず、ほぼ同義に用いられている面もみられる。あえて分類するなら、人間の全体的なまとまりを示す場合には「パーソナリティ」や「人格」という用語が、個々の側面を記述するような場合は「性格」という用語が使われることが多いといえるが、本章ではその人らしさを表わす用語として主に「パーソナリティ」を用いることにする。パーソナリティそのものは私たちの目に見えない。しかし、行動は自分の目で観察することができる。つまり、個人が示す行動から、"その人らしさ"を表わす一貫性と、他者とは違う独自性を読み取り、それを「パーソナリティ」と私たちは考えるのである。

2　パーソナリティの形成

　私たちは、なぜこんな性格やキャラクターなのだろうとふと思うことがある。また、私は親にそっくりだ、あるいは、きょうだいなのにこんなに似ていないのはなぜだろう、とパーソナリティについて私たちは疑問を持つ。このようなパーソナリティとは、生まれつき備わっているもの、すなわち遺伝情報がそのまま発現してくるものなのであろうか。それとも、育った環境において学習、獲得されていくものなのであろうか。パーソナリティのような人間の精神機能の形成要因は、生得的機能に基づく「遺伝」と、後天的な経験を重視する「環境」とに分かれる。

　しかしながら、性格の形成は、遺伝か環境かのどちらか一方だけで決まるものではない。また、単に両者を足しただけのものでもなく、遺伝と環境は互いに影響し合った結果だという見方が有力である。人間の性格について、宮城音弥 (1981) は、遺伝的要素があるから環境が影響力を持ち、環境的要素があるから遺伝も芽を出すと考え、遺伝＋環境ではなく、遺伝×環境であるととらえている。さらに宮城は、性格には遺伝的なもののように「変わらぬ面」と、環境で作られたもののように「変わりやすい面」の2つの側面があるとし、性格を同心円で表わしている（図5-1）。

第5章　その人らしさ（パーソナリティ）

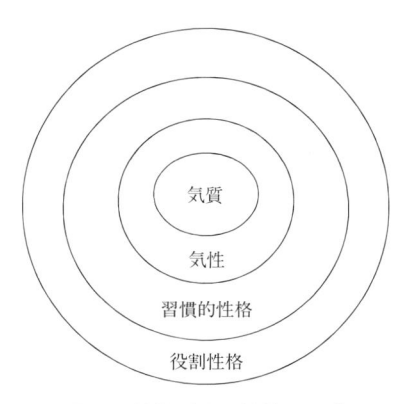

図5-1　性格の側面（宮城、1981）

（同心円：中心から）気質／気性／習慣的性格／役割性格

　同心円の中心は、気質（最も遺伝的要素の強いもの）であり、その次に取り巻く部分には気性（2、3歳までに作られるもの）、これらを土台にして習慣的性格（友人仲間、学校や職場生活などで形成される習慣によるもの）がある。同心円の最も周辺の部分は、役割性格（置かれた地位に基づく）となっている。1人の男性が会社では社長らしく行動し、家では夫や父親らしく振る舞うのはこの役割性格といえる。

　私たちは、あの人は外向的である、あるいは自分は神経質だといったような何らかの性格を持っていると認知した場合、「なぜその人はそのような性格になったのか」について疑問を持つと思われる。それは、すなわちその個人のパーソナリティの形成要因は何かという問いである。パーソナリティの形成要因は、「内的」要因（内側から働きかけるもの）と「外的要因」（外側から働きかけるもの）との2つに大別できる。内的要因とは、主に遺伝的要因であり、外的要因とは、環境的要因を指し示す。

　遺伝は、染色体の中にある遺伝子を通して、親の世代の持つ特徴が子の世代に伝達される生物学的現象である。たとえば、生物の「種」としての人間は、人間からしか生まれない。その人間の中でも、個々の個体としての共通性がみられ、たとえば親と子の顔立ちや体格が似ていたりするのは、遺伝的影響の典型例である。

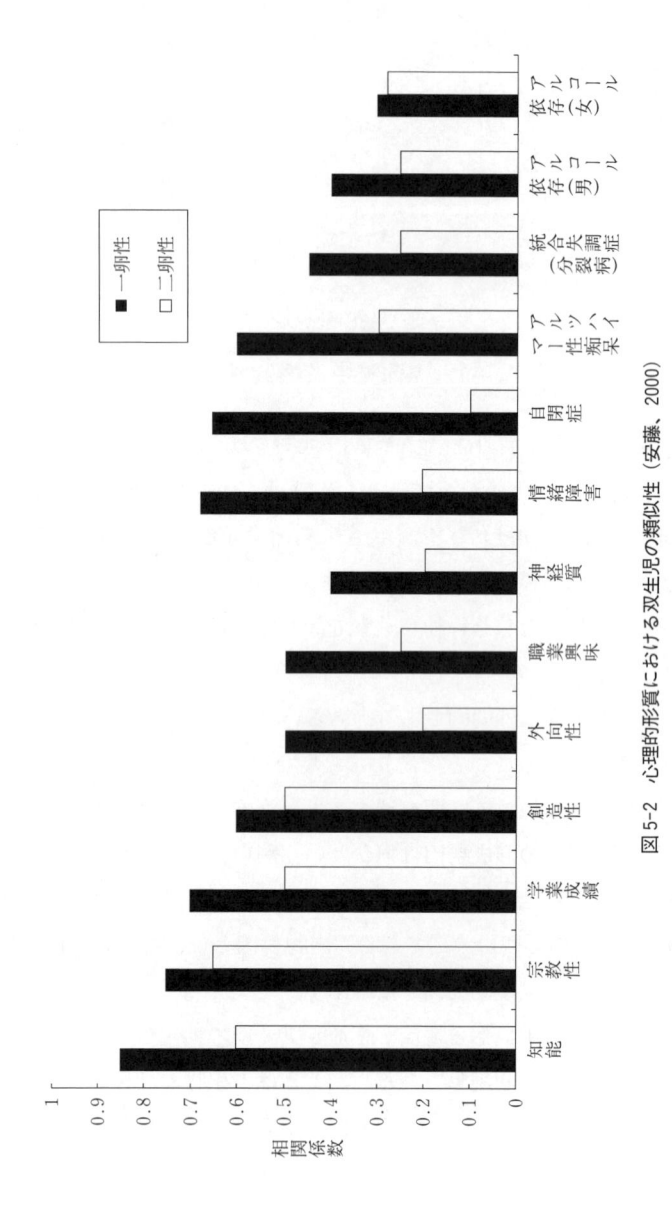

図5-2 心理的形質における双生児の類似性(安藤、2000)

第5章 その人らしさ（パーソナリティ）

　それでは、性格は、すべて生物的な親による「遺伝」によって決定されてしまうのであろうか。遺伝は、より内的で生物学的な規定因である。しかしながら、親と子は、多くの場合、同じ家の中で生活する。つまり、子どもは、親の行動を見て学習し、親は子のモデルとなる機会も多い。親と子の性格がたとえ類似していることが事実でも、「特徴が遺伝した」のか「生後習得した」のか、その主となる形成要因を判定することはなかなか難しいといえる。遺伝と環境、どちらがパーソナリティの形成要因にとって影響が大きいのかを探る研究では、双生児を対象とした比較研究が主流である。双子には、一卵性双生児（1個の受精卵が起源で、発達のごく初期に分離）と、二卵性双生児（2個の卵子が別々に受精、普通のきょうだいが時間的に接近して出生）がある。そのうち、一卵性双生児は遺伝上ほぼ同一であり、二卵性は、同性または異性の場合があり、きょうだいとほぼ同程度の遺伝的共通性ということになる。通常、二卵性双生児相互間よりも、一卵性双生児相互間の方が、遺伝的一致度が高い（図5-2）。図5-2の中の相関係数とは、2者間の関係の大きさを表わすものであり、数値が高いほど一致度が高いことを示している。また、心理学的特徴よりも、身長、体格、顔立ちや運動能力、特定の病気のかかりやすさに、高い遺伝規定性が認められている（安藤寿康、2000）。

　それでは、もう1つの形成要因である外的な環境要因には、どのようなものがあるのだろうか。「環境」というと、通常は自然的・物理的環境が連想されるが、パーソナリティの形成要因の場合は、社会的・文化的・家庭的環境が該当する。そして、親の養育態度や価値観、子への期待なども、子どものパーソナリティへの大きな影響力を持つといえる。また人間のパーソナリティは、きょうだいという出生順位もその特徴に影響することが考えられる。たとえば、一卵生双生児であっても、一方を兄、他方を弟と育てると、性格が異なりやすいということもあろう。兄らしい性格ならば、控えめ、親切、責任感が強い、他方で、弟らしい性格ならば、快活、社交的、依存的なパーソナリティ特徴を持つといった具合である。パーソナリティの形成に及ぼす外的要因として、詫摩（2003）は以下の5つの要因を挙げている（表5-1）。人

表 5-1　性格の発達に及ぼす外的要因（詫摩、2003）

①生まれた家庭の要因
○親の年齢・教育歴・職業・収入・宗教・人生観・子ども観・性役割観・人間関係観。 ○その家庭の一般的雰囲気。 ○父と母の関係。 ○その家のある地域の諸特徴。
②家族構成
○家族構成員の人数や関係。3世代家族、核家族などの家族形態。 ○きょうだい数。出生順位。異性のきょうだいの有無。きょうだい間の年齢差。出生順位による親の期待内容。 ○家族間の愛情の程度。 ○親子間の心理的距離。
③育児方法や育児態度
○授乳や離乳の仕方。 ○食事・睡眠・着衣・排泄などの基本的習慣のしつけ。 ○他人に対する態度、感情の表出（怒り、甘えなど）に関するしつけ。 ○親の子どもに対する一般的態度（保護的、拒否的、放任的、溺愛的、受容的、支配的など）。
④友人関係・学校関係
○友人の数・付き合いの程度、友人との遊びの時間や場所。遊びの内容。友人集団内での地位。 ○幼稚園や学校の教育方針、担任教師との関係。
⑤文化的・社会的要因
○その社会の生活様式・宗教・習慣・道徳・法律・価値基準・政治形態・歴史・地理・人間関係観・性役割観。 ○他の社会との関係。

はさまざまな特徴を持っているが、このように外的要因も多様であり、形成には多くの環境要因が関わっている。

　近年の遺伝と環境に関わるパーソナリティ研究では、アメリカの精神科医クロニンジャー（C. R. Cloninger, 1993）が7因子からなるパーソナリティ理論を提唱している。このパーソナリティ要因としての7因子は、「気質（temperament）」に関わり遺伝的な影響を受ける4因子（新奇性追求、損害回避、報酬依存、固執）、さらに「性格（character）」に関わる環境的な影響を受ける3因子（自己志向、協調、自己超越）から構成されている。また、クロニンジャーは、気質と行動の機能（活性・抑制・維持）の関係に注目している。行動の活性につながる新奇性追求はドーパミン、行動抑制につながる損害回避はセロトニ

ン、行動の維持につながる報酬依存はノルエピネフリンという神経伝達物質に関連することを指摘している。そして、パーソナリティは遺伝と学習と自己洞察によって総合的に形成される、というこのクロニンジャー理論に基づき、TCI（Temperament and Character Inventory）というパーソナリティ検査も開発されている。

　これまでみてきたように、パーソナリティの形成には、遺伝要因と多様な環境要因がそれぞれ影響を及ぼしているため、その法則を明らかにするのはなかなか難しい。しかしながら、近年発展がみられる双生児研究を中心にした行動遺伝学（behavioral genetics）では、家庭で一緒に生活して類似するような「共有環境」、逆に一卵性双生児であっても類似しないといったような「非共有環境」を検討することによって遺伝の規定因を明らかにするという研究が行なわれている。このような行動に及ぼす遺伝的な要因の発見によって、リスクの高い素因的な問題がみられた場合には、個人や周囲へのできるだけ早い働きかけや介入といった臨床的支援が重要である。今後はパーソナリティの分野でも脳機能を測定する神経科学的アプローチが発展するだろう。

3　パーソナリティに関する諸理論

　パーソナリティの理解のために、これまで特性論や類型論など多くの理論が提唱され、また、研究が行なわれてきた。そして近年は、新相互作用論という新しい考えも生まれてきている。ここでは、それらの理論の概要について説明する。

1　類　型　論

　「あの人は○○タイプ」、というような表現で人の特徴を表わしたことがあるかも知れない。このように、人の全体的な特徴を表わすいくつかの典型的な類型（タイプ）を準備し、その類型でその人らしさを表わそうとするのが類型論である。比較的少数の類型に分類するため、理解しやすいという特徴

がある。類型は非連続であり、離散的（カテゴリー的）な指標で特徴を表現することになる。

1）類型論の例

世の中にはさまざまな体型の人がいる（図5-3）。この体型の違いでパーソナリティの分類が試みられたことがある。

クレッチマー（E. Kretschmer）は、気質を分裂気質と循環気質と粘着気質の3つの類型に分類できるとした。そして、体型と精神疾患との間には対応関係があると考え、その関連について検討を行なった。その結果、それぞれの体型の患者には特徴的な心理的傾向が見られるとした（Kretschmer, 1955）。

シェルドン（W. H. Sheldon）も、クレッチマーが提示したような体格とパーソナリティの関連性に着目し、健常群においてもそのような関連が見られるか検討を行なった（Sheldon & Stevens, 1942）。その結果、体型と気質の両者には対応関係が見られるとした。

2）類型論の現在

これまで、体型以外にもさまざまな観点からの分類がなされ、それに基づく類型論が考えられてきた。しかし、クレッチマーやシェルドンの理論をはじめ、類型論についてはさまざまな問題点が指摘されており、現在では、パーソナリティ理解のための主要な理論とは見なされていない。しかし、パーソナリティをどのように表現するかについての1つの方法を示したという点

図5-3　いろいろな体型

で歴史的な意味はあるといえる。

　なお、類型論的な考え方を安易に用いることは問題を生じやすい。人は、比較的少数の類型に対象を分類し、理解しようとする傾向がある。日常生活でもそのような手段が用いられやすい（血液型や星座占いなど）。しかし、ある人を特定の型にあてはめて、固定的に位置づけ、理解したつもりになるのは非常に危険である。差別や偏見を生むことにもつながるため注意する必要がある。

2　特　性　論

　「AさんはBさんより慎重だ」というように、パーソナリティの特定の一側面の程度によって人の特徴を表わしたことがあるかも知れない。このように、人のパーソナリティを比較的多数の細かい単位（特性）に分類し、その個々の程度の量的な組み合わせによってその人らしさを表わそうとするのが特性論である。ある特性が各個人でどの程度であるか、そして、個々人の間でどのように異なるか、といったことからその人の特徴を表現する。

1）オルポートの特性論

　オルポート（G. W. Allport）は、パーソナリティの理論を体系的に構築しようとした。なお、彼による「パーソナリティとは、環境への独自の適応を決定する個人内のダイナミックな心理的生理的体制である（Allport, 1937）」がパーソナリティの定義として引用されることが多い。

　彼はオドバートと共に、心理辞書的研究を行なった。それは、言葉（つまり特性名）がパーソナリティの基礎にあるものと関連しており、言葉の整理によりパーソナリティの構造を理解できると考えたからである。ウェブスター新国際英英辞典の40万語の分類から、個人の特性を表わす言葉として約4500語を抽出している。

　彼は、積極性や誠実さなどの個々の特徴よりも、個人の総体としての人そのものについて興味を有していたようである。そのため、後述のキャッテルらとは相容れなかったようである。

2）キャッテルの特性論

キャッテル（R. B. Cattell）は、特性概念である因子（観察可能な行動などをもとに理論的に構成された概念）を明らかにしようとした研究者である。彼は、オルポートらの心理辞書的研究の成果を基に、さらに整理を行ない、パーソナリティ表現の171語からなるリストを作成した。そして、因子分析というデータの分析方法により、12の特性を見出している（その後、16の因子を見出している）。

彼は、特性には個人に特有な特性である独自特性とすべての人が有する共通特性があると考えた。また、外から見ることができる個人の特徴（たとえば、やさしさ）である表面特性と、表面特性の背後にあり直接見ることができない根源特性（つまり因子）に分類できると考えた。キャッテルは共通特性や根源特性に興味を有しており、その検討に重きをおいていたようである。

キャッテルは、パーソナリティについて客観的に幅広く検討を行なっており、パーソナリティ研究の発展に貢献したといえる。しかし、現在では、理論の問題などが指摘されている。

3）アイゼンクの理論

アイゼンク（H. J. Eysenck）は、「内向性―外向性」と「神経症傾向―安定性」の2つがパーソナリティの主要な軸であるとし、生物的な背景を仮定して積極的にさまざまな検討を行なった。なお、後に3つ目の次元である精神病質傾向を加えているが、これは前二者に比べてあまり受け入れられなかったようである。

また、アイゼンクはこの2つの類型水準を組み合わせた4つの領域により人の特徴を記述することができるとした。そして、その4領域とギリシャ時代の体液による古典的な気質の分類とを対応させてもいる。4つの領域とその特徴、また、対応する古典的な気質などを図5-4に示す。

4）BIG FIVEと5因子モデル

1980年代に入りゴールドバーグ（L. R. Goldberg）が指摘して以降、パーソナリティが5つの基本因子で表わされるというモデルが注目され始めた。こ

第5章 その人らしさ（パーソナリティ）

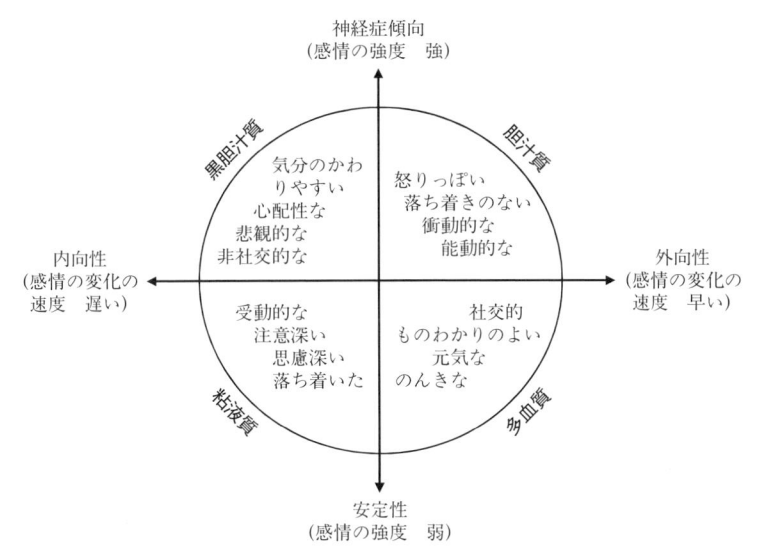

```
                神経症傾向
              （感情の強度　強）
                    ↑
   黒胆汁質  │  胆汁質
     気分のかわ  │ 怒りっぽい
     りやすい   │ 落ち着きのない
     心配性な   │ 衝動的な
     悲観的な   │ 能動的な
     非社交的な │
内向性 ←────────┼────────→ 外向性
（感情の変化の  │  （感情の変化の
  速度　遅い）  │    速度　早い）
     受動的な   │ 社交的
     注意深い   │ ものわかりのよい
     思慮深い   │ 元気な
     落ち着いた │ のんきな
   粘液質   │   多血質
                    ↓
                  安定性
              （感情の強度　弱）
```

円外はガレノスの4気質。円内は各領域の特徴の例。

図5-4　パーソナリティの次元と4領域（鈴木、2012）

のモデルは、ビッグファイブ (Big Five) もしくは5因子モデル (Five Factor Model) といい、背景やアプローチが若干異なるが、パーソナリティを5つの軸で表現しようとしている点については共通である。5つの因子の名称は、「外向性 (Extraversion)」、「調和性 (Agreeableness)」、「誠実性 (Conscientiousness)」、「神経症傾向 (Neuroticism)」、「開放性 (Openness to experience)」などであるが、研究者によって若干の違いがある。

このモデルについての研究は積み重ねられ、多くの研究者によって支持されてきている。しかし、5因子モデルの妥当性に対する疑問も出されている。5因子からなるモデルが最終的なパーソナリティモデルとなるかどうかは、今後のさらなる検討が必要といえる。

3　相互作用論

パーソナリティ心理学者であるミシェル (W. Mischel) は、1968年に公刊

された著書『パーソナリティの理論（原題：Personality and assessment)』において、行動の一貫性がそれほど見られないことを指摘した。つまり、彼は、パーソナリティそのものの存在についての疑問を呈したのである。その後、約20年にわたり「人間一状況論争」が生じた。これは、行動の原因として個人のパーソナリティが重要であるのか、それとも、個人がおかれている状況が重要であるのかについての論争である。結局その論争は下火になっていったが、パーソナリティの研究において状況要因を積極的に取り入れようとするきっかけとなった。そして、新相互作用論という新しい理論が生まれてきた。これは、現在の主要なパーソナリティ理解のアプローチの1つといえる。

4　パーソナリティの測定法

　パーソナリティ心理学においては、質問紙法や観察法、面接法や投影法など、さまざまな測定方法がパーソナリティ理解のために用いられている。ここでは、質問紙法を中心に説明する。

1　質問紙法

　心理学の研究で用いられる代表的な測定方法の1つであり、複数の質問項目のセットが印刷された質問紙を用いる方法である。質問紙により質問を行ない、それに対して得られた回答をデータ化し分析することにより、対象のパーソナリティを把握しようとする。数値化し、統計的な処理が行なわれるために、客観性が高い方法といえる。なお、近年では、web調査という新しい方法も用いられるようになってきている。

1）質問紙法の構成

　質問紙は基本的に、教示文、項目、そして選択肢などから構成されている。教示文とは、何を尋ねようとしているかについて書かれた文章であり、「あなたの普段の考えについてお尋ねします」や「ここ2カ月間で以下の内容に

ついてどのくらい頭に思い浮かびましたか」などと共に、当てはまるところに○をつけるなどの指示がある。項目とは個々の質問内容のことであり、「いつも元気なほうだ」、「他人の行動が気になる」「昔のことを思い出す」などである。選択肢は「1．まったくあてはまらない」「2．どちらともいえない」「3．非常にあてはまる」のように、研究目的に応じ設定され、程度や頻度などの順に並べられている。教示文で尋ねられた内容にそって、それぞれの項目に対して選択肢の中から1つ選び回答を行なう。

2）心理尺度

心理学においては、ある特定のパーソナリティを測定するために、そのパーソナリティに関連する類似した項目群により構成された「心理尺度」を用いることが多い。パーソナリティの測定のために、極めて多くの心理尺度が開発されている。たとえば、先述のアイゼンクによる「内向性―外向性」と「神経症傾向―安定性」を測定するために開発された MPI (Maudsley Personality Inventory、モーズレイ性格検査［人格目録］: Eysenck, 1959) や、5因子モデルにおける5つの因子を測定するために開発された Revised NEO Personality Inventory (NEO-PI-R ; Costa & McCrae, 1992)、その短縮版である NEO-Five Factor Inventory (NEO-FFI ; Costa & McCrae, 1992) などである。このような心理尺度は心理学の広い範囲の研究で用いられている。

2 投 影 法

投影法は、比較的あいまいな刺激に対する自由な反応から個人のパーソナリティを理解しようとする方法である。インクのしみ（図5-5）や不完全な短文（例「あなたは将来　　　　　　」）などのあいまいな刺激を与え、そこで得られた自由な反応から対象者のパーソナリティを測定しようとする。または、人や樹木などの描画を求め（図5-6）、その描かれた内容からパーソナリティの把握が試みられることもある。投影法の代表的なものにはロールシャッハ・テスト、SCT（文章完成法）、バウムテスト、などがある。

あいまいな刺激が用いられることなどから、回答者が意識的に回答を歪め

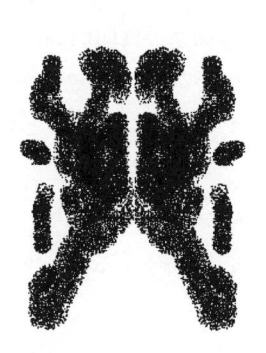

図5-5　インクのしみの例　　　図5-6　描画した樹木の例

にくく、パーソナリティの潜在的な部分、いわゆる無意識的なものを測定することが可能といわれている。しかし、測定方法の問題点なども多々指摘されており、安易な使用には注意が必要である。なお、面接場面などにおいて、投影法の使用そのものが発話のきっかけになることもあり、このことを、アイスブレーカー機能ともいう。

3　そのほかの測定方法

　ここでは、観察法と面接法の概要を説明する。観察法とは、観察者が客観的に対象者のありのままの行動を見て、それを記録していく研究方法のことをいう。特に観察の内容を決めずに自由に行なう場合もあるが、たいていは、あらかじめ観察の内容を決めて行なう場合が多い。また、日常の生活場面での自然な状態を観察する場合もあれば、条件を統制して特定の側面に焦点をあてて観察する場合もある。面接法とは、調査者と対象者が直接対面し、会話を通して対象の理解を試みる方法である。面接者の質問に対する対象者の反応を書き留めたり録音したりして、その内容について検討していく。1対1で行なわれる場合もあれば、1対複数で行なわれる場合などもある。

4 適切な測定のために

パーソナリティの測定方法には、さまざまな種類があり、それぞれ特徴がある。長所と短所を理解しつつ、研究目的にそって適切に選択して使用する必要がある。測定方法に対して慎重にそして謙虚に向き合うことが、パーソナリティの理解につながるといえる。

推薦図書

Allport, G. W. (1961) *Pattern and growth in personality.* New York：Holt, Rinehart and Winston.（今田　恵監訳〔1968〕『人格心理学（上・下）』誠信書房）

青柳　肇・杉山憲司編著（1996）『パーソナリティ形成の心理学』福村出版

安藤寿康（2000）『心はどのように遺伝するか』講談社ブルーバックス

宮城音弥（1981）『新・心理学入門』岩波新書

G. W. オルポート、詫摩武俊・青木孝悦・近藤由紀子・堀　正訳（1982）『パーソナリティ―心理学的解釈―』新曜社

榎本博明・堀毛一也・安藤寿康（2009）．パーソナリティ心理学―人間科学、自然科学、社会科学のクロスロード　有斐閣

W. ミシェル&Y. ショウダ&O. アイダック、黒澤　香・原島雅之監訳（2010）『パーソナリティ心理学―全体としての人間の理解』培風館　pp. 93-115.

小塩真司（2012）『はじめて学ぶパーソナリティ心理学―個性をめぐる冒険』ミネルヴァ書房

鈴木公啓編（2012）『パーソナリティ心理学概論―性格理解への扉―』ナカニシヤ出版

若林明雄（2009）『パーソナリティとは何か―その概念と理論―』培風館

第6章

経験を通して学ぶ（学習）

1 学び方を知る

1 学習心理学とは

　この章では私たちの行動や情緒がどのようにして作られるのかということを、学習心理学という視点から考える。

　たとえば、日本の女性が好きな男性のトップはキムタクである。なぜ日本女性はキムタクを好むのか、2つの説明が可能である。

　1つは、トリのメスが、求愛のダンスのうまいオスや、クジャクのように美しい羽のオスに惹きつけられるという傾向が進化したように、ヒトのメスもキムタク顔に惹きつけられる遺伝的傾向を持つという、生物学的な説明である。

　もう1つの説明は、○○が好きと言うと「ダッサーイ」といわれた経験や、テレビで誰かが「○○はカッコイイ」といっているのを見たという経験が、日本女性の男性の好みを作っていったという説明で、過去経験が人の好みを作るという説明である。このように、経験を通じて行動、知識、情緒などを獲得したり、変更したりすることを学習という。

　学習の心理学を理解することによって、私たちの心の作られ方を理解することができる。つまり、私たちの喜怒哀楽、好き嫌い、日常の行動、態度、

技能がどのようにして作られてきたのかがわかる。そしてそれは、心の問題や社会の問題の原因を理解し、自分でも抑え難い感情のコントロールの方法や、効率的な学習の仕方を見つけることにもつながる。

2　心を作る2つのしくみ

　学習のしくみを考える前に、私たちの心を作る1つ目の原因、進化の仕組みについてまとめておこう。

　私たちは人間と他の動物を区別したがるが、共通点も大変多い。たとえば、人間もネズミもクモもみな、食べ、巣を作り、オスとメスが惹かれ合って子どもを作る。人を含めた動物たちの心の基本は同じなのである。それは、ダーウィン（C. Darwin）の進化論が説明するように、動物たちは同じ先祖から進化して、いろいろな種類になっていったからである。だから動物たちはそれぞれ違うようにも見えるが、同じような体の構造を持ち、同じような心の原則を持っているのである。だから、学習の研究で人間以外の動物がたくさん登場しても驚く必要はない。ネズミの実験から人の心がわかるのである。

　進化によって方向づけられる動物の心の原則は、生物学的適応度を高めるということである。これは、自分が生き延びること、そして、自分の遺伝子を後世に伝えるということである。たとえば、コオロギのオスはメスを惹きつけるために鳴く。鳴かないオスコオロギはメスを惹きつけられず子孫を残せない。しかし、よく鳴くオスコオロギは外敵に発見されて生存しにくくなる。このようにして、自分の生存と遺伝子を残すということのバランスで行動傾向、つまり心が進化していく。中にはアリのように自分は子どもを作らず、外敵と戦って死ぬことをいとわない生き方をする動物もいる。自分が死んでも、兄弟たちの遺伝子が伝えられるなら、自分の子孫が繁栄することと同じだからである。

　このようにして、ゾウの長い鼻、クジャクの羽のような体の特徴や、ライオンの獰猛さ、ミツバチの勤勉さのような心が進化していく。

第6章　経験を通して学ぶ（学習）

3　人間の特徴

　それでは、人間は進化の過程でどのような特徴を獲得したのだろうか。まず、人間を含む霊長類は、手を自由に使い、道具を使ったり、作ったりすることが得意である。また、視覚が発達し、高い認識能力を持つ。そして、環境の変化に適応する高い学習能力を持つ。たとえば、宮崎県の幸島では、若いニホンザルがイモを海水で洗い始め、それを他のサルがまねをして新しい文化が生まれた（図6-1）。このような学習によって、行動の仕方や知識などの文化を仲間同士で共有し、次世代に伝えていくということが人の心の成り立ちの特徴である。

　霊長類の仲間と比べて、人間の特徴といえば言葉の使用である。チンパンジーはシンボルやキーボードを用い、かなり巧みに言葉を使う。しかし、人間のように音声を使った言葉は苦手である。チンパンジーの子どもは、親の行為をじっと見つめてまねをすることで、親の文化を学習していく。人間の場合はこれに加えて、親子の間での言葉を使ったやりとりを通して学習していくのである。

　人間のもう1つの特徴は、「社会的動物」だということである。人間の社会性の高さは、人間が長年群れで生活してきたことで進化したと思われる。人間は他者の表情を読み、他者の行動の意図を読み、人間関係を推理し、他者の行為を模倣し、言葉を使って情報のやりとりをし、助け合い、協力して生きる動物なのである。だから、人間の学習もまた社会的である。

図6-1　幸島のサルのイモ洗い
（三戸サツヱ、1971）

2 情緒の学習

1 条件反射

　テレビのラーメン特集を見ると、ラーメンの味が口の中に広がり、つばがわいてくる。前にラーメンを食べた時の気持ちや体の反応が、「ラーメン」というシグナルによって甦る。このように、過去の経験が新しい反応の仕方を作っていくことが学習である。

　ロシアの生理学者パヴロフ（I. P. Pavlov, 1928）は、イヌを使って唾液分泌のしくみを研究していた。食べ物を食べると消化のために唾液を分泌する。これは、イヌにも人にも共通する反射のしくみである。ところが、パヴロフはイヌがエサを与えられる前に、食器の音を聞いただけで唾液を分泌することに気づいた。そこで、彼は図6-2のようにイヌを固定し、口にチューブをつけ唾液の分泌量を測れるようにして、エサを与える前にイヌにベルの音を聞かせてみた。最初は、音がした時に耳をそばだて、エサを与えた時だけ唾液を分泌した。しかし、ベルの音がするとエサが与えられるという経験を繰り返すと、イヌは図6-3のようにベルの音を聞いただけで唾液を分泌するようになった。経験によって形成された反射なので、これを条件反射といい、この過程を条件づけ、あるいは次節のオペラント条件づけと区別して古典的条件づけという。

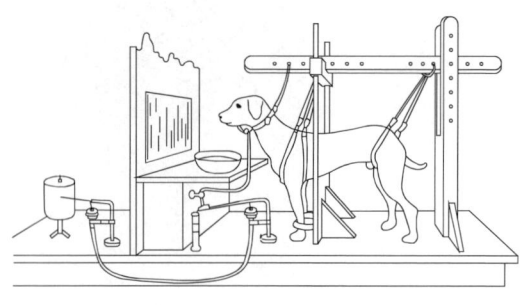

　ベルの音とエサが対になるという経験を繰り返すと、音に対する唾液分泌はより早く多くなる。これを強化という。反対に、音だけ聞かせてエサを与えないでいると、音を聞い

図6-2　パヴロフの条件づけの実験（R. M. Yerkes & S. Morgulis, 1909）

第 6 章　経験を通して学ぶ（学習）

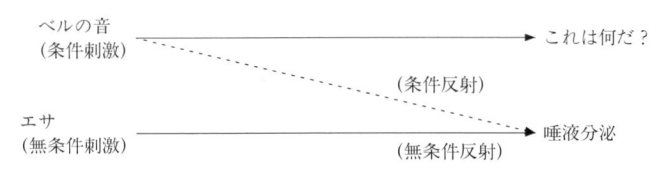

```
ベルの音 ─────────────────────→ これは何だ？
(条件刺激)         ＼
                    ＼ (条件反射)
                      ＼
エサ    ─────────────────────→ 唾液分泌
(無条件刺激)       (無条件反射)
```

※はじめイヌはベルの音を聞いても唾液を分泌しない。ベルの音とエサが対になるという経験を繰り返すと、ベルの音を聞いただけで唾液を分泌するようになる。生まれつきの唾液分泌を無条件反射、条件づけという経験によって学習した唾液分泌を条件反射という。

図 6-3　条件づけの過程

ても唾液は分泌されなくなっていく。これを消去という。ある行動をするようになることも、しないようになることも、どちらも学習である。

2　いろいろな条件づけ

条件づけは、まばたき、心拍、食べ物の味に対する嫌悪、喜びや悲しみの情緒、さらには病気に対する免疫など、自律神経と関係の深い反応に広くみられる。

たとえば、人の恐怖や驚きを測定するためにGSR（皮膚電気反射）が用いられる。GSRは、手のひらに2カ所電極を貼り付けて弱い電流を流し、皮膚の伝導率がその人の情緒的な変化によって変わることを利用している。これは「ウソ発見器」の原理である。被験者に弱い電気ショックを与えると、驚いてGSRが変化する。「危険」という字を見せて電気ショックを与えるということを繰り返すと、「危険」という字を見ただけでGSRが反応するようになり、「危険」という文字に情緒な動揺が条件づけられたことがわかる。

食べ物の味に対する嫌悪の条件づけは特殊である。たとえば、S君は生牡蠣が苦手で食べられない。以前、生牡蠣を食べて腹痛を起こしたことがあるからだ。ただ、S君は生牡蠣を食べて1回だけ、それも何時間も経ってから腹痛を起こした。たった一度の、それもかなり時間がはなれた経験で、生牡蠣に対する嫌悪感が条件づけられてしまったのである。食べ物の味と、腹痛

ということが速やかに強固に結びつく味覚嫌悪という現象で、生存のために害のある食べ物を避けようとする、生まれつきの学習のプログラムが働いているのである。

読者も自分が嫌悪する食物があるか、また、それが嫌いになった経験について考えてみよう。

3　汎化と弁別

学習した反応は似た状況でも起こるようになる。たとえば、条件づけで使ったベルの音の高さが1200 Hzの時、少し低い1000 Hzのベルの音で試してみると、イヌは元のベルの時より少し少ないが唾液を分泌する。さらに低い800 Hzの高さのベルだとさらに少ないが、それでも唾液を分泌する。学習したことが図6-4のように似たような場面にも広がることを汎化という。

今度は、1200 Hzのベルの時はいつもイヌにエサを与え、800 Hzの時は与えないということを繰り返す。そうすると2つのベルの音を区別して、1200 Hzのベルの時には唾液を分泌するが、800 Hzの時には唾液を分泌しなくなる。これを弁別という。

人の場合、汎化や弁別は音の高さのような物理的な違いだけで起こるわけではない。人の場合、dayという言葉で条件づけをすると、見た目も音も似ているmayよりも、見た目も音も似ていないweekやnightに強く反応する。言葉の意味という高次なレベルで反応するのである。これが人の学習の特徴である。

また、音のような条件刺激と、エサのような無条件刺激が時間的に接近して対になると、機械

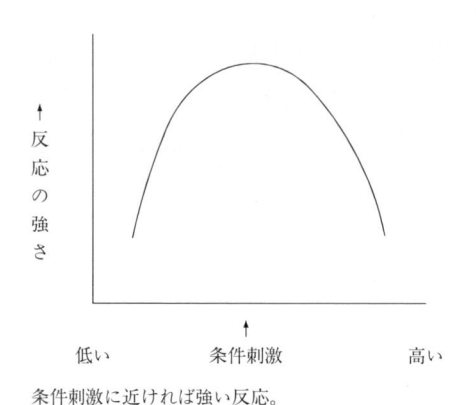

条件刺激に近ければ強い反応。
遠ざかるにつれ弱くなる。

図6-4　汎化

的に条件づけが成立するというわけではない。たとえば、光が点くとエサが与えられるという条件づけをした後、光と音の両方の後にエサを与えるということを繰り返しても、音とエサは結びつかず、条件づけは成立しにくい。光とエサの結びつきが、音とエサの結びつきという新しい学習の成立のじゃまをしているので、このような現象をブロッキング効果という。

レスコーラーワグナー（Rescrla-Wagner）のモデルによれば、条件づけの成立には、音を聞いた時に、予期しなかったエサが与えられるという驚きが必要である。あらかじめ光でエサを予期していたなら、音が加えられた後にエサが与えられても何の驚きもなく、新たな条件づけは成立しない。また、はっきりした明瞭な条件刺激は、速やかに条件づけを作る。つまり、条件づけは、その人にとって気づきやすい（だから人によって違う）明瞭な手がかりと、予期しない驚くような結果（これも人によって違う）が結びつき、新たな反応が生まれるということである。

4　恐怖の条件づけ

> あの日、彼女は家にいた。突然大きな音とともに家がゆれ、家具がたおれた。彼女の家は半壊したが、彼女はかろうじて助かった。それ以来彼女は少し大きな音がすると強い不安を感じるようになった。

何らかの情緒的体験。たとえば、恐怖、歓喜、悲哀。このような体験をすると、似たような状況やシグナルによってその時の気持ちが甦る。

アメリカの心理学者、ワトソンとレイナー（J. B. Watson & R. Rayner, 1920）は、11カ月のアルバート坊やが何を怖がるのかを調べてみた。実は、人の赤ん坊は怖がるものがあまりない。動物、炎、刃物も怖がらない、だから赤ん坊は危ないことを平気でする。それでも、急に大きな音がすると怖がる。そこで、坊やのそばに白ネズミがいる時に、ハンマーで鉄棒を叩いて大きな音をたてた。すると坊やはびっくりして泣いた。これを何回か繰り返すと、

① ネズミを怖がらない ⇒ ② 大きな音におびえる ⇒ ③ ネズミを怖がる

図6-5　ワトソンらの実験

　坊やは白ネズミを見ただけで怖がるようになった。恐怖心の条件づけである（図6-5、図6-6）。その後、坊やは今まで怖がらなかった、ウサギ、毛皮、白いひげのはえたサンタクロースのお面を見ても恐れるようになった。汎化である。このようにして、人の恐怖心は作られる。

　情緒の条件づけが強すぎると困ったことになる。実は私は高いところが怖い。それでも、観覧車はごめんだが、高いビルにいられないというほどではない。しかし、飛行機に乗れない、3階以上はだめという人は大変である。あることに過剰な恐怖心を持つと恐怖症（phobia）ということになる。試験、面接、広場、閉所、高所、動物、刃物、乗り物、他人などに対して、多くの人が過剰な恐怖感を持ち、生活の範囲を狭くしている。

　読者も自分に何か特別な恐怖心、たとえば「イヌが怖い」という感情があるか、そしてそれはどのように作られたか考えてみよう。

　過剰な恐怖感は克服できないのだろうか。たとえば、白ネズミを怖がる子どもに、白ネズミがいる時にキャンディを与えてみよう。図6-6のように条件づけられた恐怖に対抗して、うれしい気持ちを条件づけるわけである。このように、恐怖症のような問題は学習されたものだから、学習によって解決するという方法を行動療法という。恐怖や緊張を感じる対象を思い浮かべてはリラックスするという行動療法がよく行なわれる。

　行動療法については第11章をみてほしい。ここではちょっと試してみよう。まず、リラックスする方法を練習する。手をできるだけ強く握り、手の

第 6 章　経験を通して学ぶ（学習）

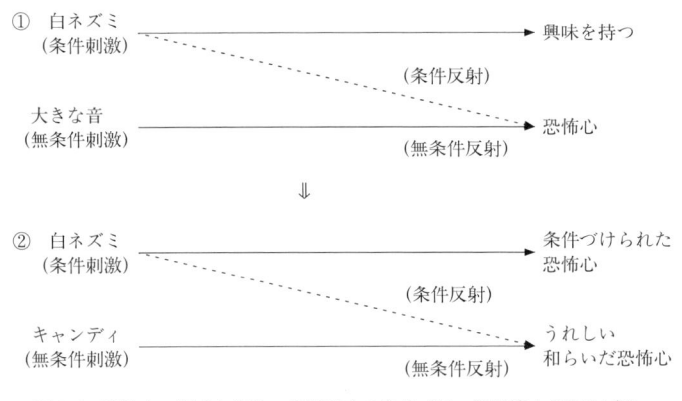

```
①  白ネズミ ─────────────────→ 興味を持つ
   (条件刺激)     ＼      (条件反射)
                   ＼
   大きな音 ─────────────────→ 恐怖心
   (無条件刺激)        (無条件反射)

                ⇓

②  白ネズミ ─────────────────→ 条件づけられた
   (条件刺激)     ＼      (条件反射)    恐怖心
                   ＼
   キャンディ ───────────────→ うれしい
   (無条件刺激)        (無条件反射)   和らいだ恐怖心
```

図 6-6　恐怖心の形成と解決　①恐怖心の条件づけ　②恐怖心を和らげる

筋肉を緊張させることを 5 秒〜10 秒続け、次に、力を抜き、だらっとして 15 秒〜20 秒間リラックスした状態をつくる。緊張と比べて、リラックスを感じるのである。そうしたら、自分がちょっと緊張する場面を思い浮かべて、さっきの方法でリラックスする。緊張がリラックスに置き換わっただろうか。

　条件づけは恐怖症などの否定的な学習だけではなく、人の心の形成になくてはならないしくみである。たとえば、子どもが、炎、刃物、高所、スピード、動物、不潔に対して適度な恐怖を感じることは安全の基本になる。また、悪いことをすると叱られて怯えるという経験は、悪いことに対する抵抗感、つまり、良心や道徳性の基礎を作る。そして、親と同時に情緒的経験をするということによって、他者の苦痛を見て自分も苦痛を感じること、すなわち、共感の基礎が作られる。条件づけによる学習は人間らしい心の基礎を作る。

3　行動の学習

1　試行錯誤学習

前節の古典的条件づけだけで、学習を説明することはできない。それは、

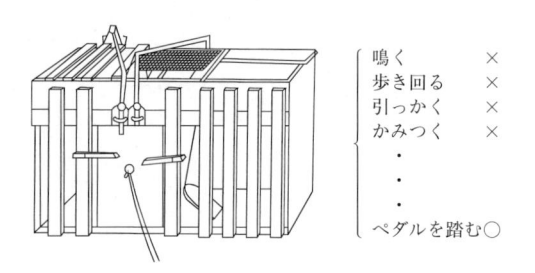

図6-7 問題箱（E. L. Thorndike, 1911）

鳴く　　　×
歩き回る　×
引っかく　×
かみつく　×
　：
　：
ペダルを踏む○

　古典的条件づけでは、エサ→唾液というように、何らかの刺激で引き出された反応だけが学習される。また、自律神経と関係の深い身体反応や情緒だけが学習されるからである。勉強をする、スポーツをするといった意図的な行動の学習のモデルは別にある。

　ソーンダイク（E. L. Thorndike, 1911）は空腹のネコを図6-7のような問題箱に入れた。箱の外にはエサがある。外に出てエサを食べるためには、ペダルを踏んで留め金をはずす必要がある。この状況でネコがしそうな行動は、歩き回る、引っかくなどで、ペダルを踏むのはまれである。だから、正解のペダルを踏むまで最初は数分かかる。ところが、何回かペダルを踏んで外に出るということを経験すると、10秒もするとペダルを踏んで外に出るようになる。いろいろやって失敗と成功を経験して、失敗した行動はしなくなり、成功した行動をするようになる。これを試行錯誤学習という。

2　オペラント条件づけ

1）スキナー箱

　スキナー（B. F. Skinner, 1938）は、スキナー箱という装置を使って学習の研究をした。スキナー箱に空腹のネズミを入れる。箱の壁には小さなレバーが突き出ている。たまたま、ネズミがそのレバーを押すと、小さなエサ粒が1つエサ皿に落ちてくる。ネズミはそれを食べる。しばらくして同じことが繰り返される。このような経験を何回もしたネズミは、この箱に入れられる

第 6 章　経験を通して学ぶ（学習）

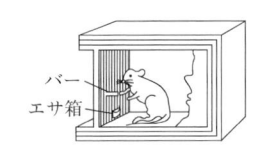

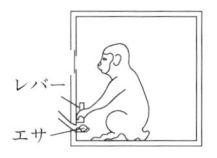

図 6-8　**スキナー箱のいろいろ**（佐藤方哉、1975）

とすぐに、カチャカチャとレバーを押し続けるようになる。

　スキナーは、古典的条件づけは何かによって引き出された行動の学習なので、応答的という意味でレスポンデント条件づけと呼んだ。そして、レバー押しのような自発した行動の学習を、環境に働きかけるという意味でオペラント条件づけと呼んだ。また、行動が結果を獲得するための手段、道具になっているという意味で道具的条件づけともいう。試行錯誤学習もこれに含まれる。

　スキナーによれば、オペラント条件づけは 3 つの要素、状況―行動―結果で成り立つ。行動主義心理学の創始者ワトソンと同様に、スキナーも人の心を説明するために、人の内的な事柄を用いず、客観的な事柄、つまり状況―行動―結果だけを用いる。この 3 要素からなる経験が、人の心を説明する要素のすべてだと考えたのである。

2）強化と罰

　スキナー箱という状況で、レバー押しという行動をした時、エサという結果が与えられると、その後、同じ状況で、レバー押しという行動が増える。これを強化といい、エサを強化子という。しかし、レバー押しという行動の後に、エサが出ないという結果が続くと、その行動はだんだん行なわれなくなる。これを消去という。

　強化される行動は単一の行為とは限らない。たとえば、ネズミがはしごを登り→ひもを引いてドアを開け→トンネルをくぐり抜け→滑り台を滑り下り→通路を走り→レバーを押し→エサを食べる。この一連の行動連鎖が最後のエサで強化される。

表6-1 強化と罰

	与える	取り去る
強化子	正の強化	負の罰
負の強化子 (嫌悪するもの)	罰	負の強化

レバーを押すと電気ショックが与えられるなら、ネズミはレバーを押さなくなる。これが罰であり、電気ショックを負の強化子という。レバーを押すと、そこにある正の強化子であるエサを取り上げてしまうなら負の罰である。レバーを押すと負の強化子である電気ショックが止まるなら、これは負の強化でありその行動は増える（表6-1）。

　強化はある行動をするように、罰はしないようにする。しかし、スキナーは、罰の効果は行動を一時的に抑制するにすぎず、罰を与えなくなると、また行動すると考えた。確かに、罰を与えた後、罰をストップすると前にも増して行動する傾向がある。そして、行動した後に罰を与えるということは、ある状況に恐怖感を条件づけるという、パヴロフ型の条件づけをしているということでもある。その結果、罰を与えられた学校に強い恐怖感を感じるようになるなどの、不適切な情緒反応を学習させる恐れがある。

　セリグマン（M. E. P. Seligman）はイヌを動けないようにしておいて、数十回も電気ショックを与えた。次の日、イヌは隣の部屋に逃げ込めば簡単に電気ショックから逃れられるという状況におかれた。しかし、逃れられない電気ショックを経験したイヌの2/3は、隣の部屋に逃げ込んで電気ショックを避けるということを学習できなかった。イヌは、逃れられない経験から「何をしてもダメ」という無力感を学習したのである。人の「うつ」という心理状態は、この学習性無力感に通じるものがある。

3）迷　　信

　強化とは何かということについて、ハル（C. L. Hull）は、空腹などの生理的要求によって行動にかりたてる心理的力である動因が生じ、その時、エサなどの誘因を獲得して、動因が低下することが強化になると考えた。食べ物などの1次的な強化の他に、お金などの学習によって作られた2次的な強化がある。

　しかし、何が強化になるのか、何が罰になるのかは学習する個体によって

第6章 経験を通して学ぶ（学習）

異なる。たとえば、何かのごほうびに「酒を浴びるほど飲め」といわれたら、大喜びする人と、拷問だと思う人に分かれるだろう。つまり、結果として行動が強められれば強化であり、弱められれば罰であり、その個人差も大きいのである。あなたの行動、たとえば勉強、趣味はどのような強化によって維持されているのか考えてみよう。

　人の場合は、見る、知る、わかるといった、好奇心を満たすことは、多くの場合強力な強化となる。さらに人では、見つめる、うなずく、注意を向ける、ほめるといった社会的な強化が重要である。たとえば、教室で騒いだ子どもを、教師が罰だと思って叱ると、騒ぐ行動が強化されることがある。ペットの犬がうるさくほえた時に叱っても同様に、もっとほえることがある。それは、叱るということが、罰ではなく、他者の注目や反応を得たということで、社会的強化となっているからである。

　また、偶然の結果が思わぬ行動を強化する場合もある。たとえば、ネズミがどんな行動をしているかに関係なく、15秒に1回エサをエサ皿に落としてやる。この時、あるネズミはスキナー箱の中をぐるぐる回り始める。そのネズミがたまたま1回転した時に、偶然にエサが与えられたからである。これを迷信行動という。人は特に行動の結果に敏感な動物なので、縁起をかつぎ迷信を信じ込む。たとえば、病気の時にある健康食品を食べ、良くなったとする。人はその健康食品のおかげで治ったと因果関係を感じてしまう。しかし、事実は単なる偶然の関係かもしれないのである。

4）汎化と弁別

　古典的条件づけと同様に、オペラント条件づけでも汎化と弁別がある。たとえば、ハトをスキナー箱に入れる。壁にあるキーという小さな黄色のプラスチックの丸い窓をつつくとエサが与えられる。その後に、オレンジ、黄緑、緑などの色のキーで試してみる。ハトは、黄色に近い、黄緑のキーを黄色よりは少ないがつつき、緑だとあまりつつかない。つまり、似た色に汎化する。

　今度は、黄色いキーをつつくとエサがもらえ、黄緑だともらえないという学習をすると、黄緑や緑のキーはつつかなくなる。色の弁別である。このよ

うに、オペラント条件づけの汎化と弁別から、ハトの色覚は人とほとんど同じだということが確かめられる。

5）行動形成

スキナー箱の中で、ネズミにレバー押しをさせるのは、実は難しい。ネズミがなかなかレバーを押すという行動をしないので、強化のしようがないのである。そこで工夫してみる。まず、カチャッと音がするとエサが出てくるということを繰り返して教える。強化は行動の直後に与えたほうが効果的なので、ネズミがエサに気がついて食べるより前にカチャッという音を強化子にしてしまうのである。これを、2次的強化とか条件強化という。ほめ言葉やお金もこれにあたる。次いで、ネズミがレバーに近づいたらすぐに、カチャッと音をたててエサをやる。そうすると、以前よりネズミはレバーの近くにいるようになる。このようにして、図6-9の手順で強化する基準を目標に向かって少しずつ厳しくしていき、最後にレバーを押したら強化する。このような方法を、シェイピングとか行動形成という。前に紹介した、ネズミのサーカスのような行動連鎖もこのような手順で形成するのである。

この方法は行動療法に用いられる。たとえば、会話をしない子どもの行動療法では、唇が少し動いたらほめてごほうびを与えることから始め、単語の発話、文の発話と進んでいく。

また、プログラム学習という教授法にも応用される。ティーチングマシンを用い、前に正解だった課題からほんの少し難しくした課題を出す。間違わせず、正解させ、強化するためである。正解したらすぐに正解だったと伝えて強化し、また少しだけ難しい問題に進む。このようにして学習者は正しい答えをし続け、強化を受け続け、目標に近づいていく。

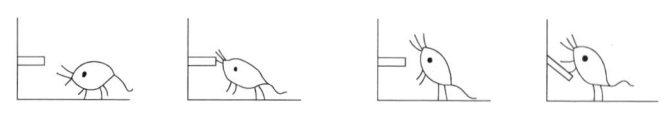

強化の基準　レバーに近づく⇒レバーのほうを向く⇒レバーに向かって立つ⇒レバーを押す

図6-9　レバー押し行動の形成

第6章 経験を通して学ぶ（学習）

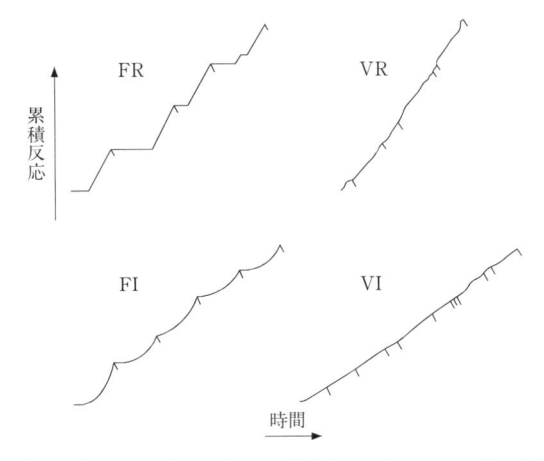

一定の回数ごとに強化されるFR（定率）スケジュールでは、強化（小さなマーク）の後に休息があるが、不定期なVR（変率）スケジュールでは休みのない行動となる。一定時間後の行動に強化が与えられるFI（定時隔）スケジュールでは、強化が与えられうる時間の前の多くの反応と、強化後の休息があり、不定期なVR（変時隔）スケジュールではコンスタントな反応になる。

図6-10　4つの強化スケジュールによって作られた行動パターン
（メイザー〔J. E. Mazur〕、1999）

　何かの学習をする時、最初は学習させたい行動のすぐ後に必ず強化をするという、連続強化が有効である。しかし、その習慣ができてきたなら、ときどき強化する部分強化のほうが、むしろ行動の維持に有効である。消去されにくいのである。強化スケジュールといって、人や動物は強化の与えられ方に敏感に反応して行動する（図6-10）。たとえば、ギャンブルは変率強化スケジュールといって、たまに儲かる、つまり不定期に強化されるので、図6-10のVRのように高頻度の行動が続き、そして、消去されにくい、つまり「やめられない」のである。また、定期試験のように一定の期間の後に強化が与えられる場合は図6-10のFIのように、その期間が近づくにつれて反応が増えていき、期間直前にピークになる。つまり試験前にだけ勉強するといった行動パターンになる。

　ここで強化を自分で操作するセルフコントロールの方法を考えてみよう。

あなたは、勉強にすぐに飽きてテレビを見たがる。勉強をやめるという行為は、テレビを見ることで強化される。そこで、勉強をやめるのを5分がまんして5分間は勉強を続けてからテレビを見るようにする。5分がまんをして勉強を続けるということが、テレビを見ることで強化される。こうして勉強を続けられる時間を少しずつ長くすることができる。

4 社会における学習

1 見ることによる学習

　子どもの学習で大切なのは、まず、親のしつけである。これは「よくできたねー」、「えらいわねー」、「こら！」といった言葉や、キャンディのようなごほうび、時にはたたくといったせっかんを用いた、強化や罰というオペラント条件づけである。ところが、親がいくらきちんとしつけをしていると思っても、子どもはいつのまにか悪いことを覚えてしまう。人は「社会的動物」である。教えられないことでも、他人のことを見て学習してしまう。

　バンデュラら（A. Bandura et al., 1963）は幼稚園児に暴力行為を見せた。幼稚園児がマジックミラーを通して隣の部屋を見ていると、大きな人形が置いてあって、それを、お兄さんやお姉さんが図6-11のように殴ったり、蹴ったり乱暴する。その後、その部屋に移された園児は、まねをして殴る蹴るの暴力をふるった。子どもに暴力を見せる時に、実際の人物の行為、映画、ア

図6-11　子どもはお姉さんの暴力を見てまねをする
(A. Bandura, D. Ross & S. A. Ross, 1963)

ニメの3種類で見せて比べたが、どの見せ方でも、子どもは暴力をまねした。これを観察学習とかモデリングという。

モデル（お手本）としては、まず親が重要である。親はしつけを通して子どもの心を創っていく。と同時に自分の生き方を子どもに見せることによって、子どもの人生に影響を与えているのである。そして、年齢と共に友人が重要なモデルとなる。昔の人はこれを「朱に交われば赤くなる」といった。

また、バンデュラの実験からもわかるように、マスメディアも重要なモデルである。現代人はマスメディアから大きな影響を受けている。ファッション、恋愛の仕方、家族のあり方、男女の性役割、価値観、そして暴力である。特に暴力については、幼い子どもほど影響を受けやすいのである。それゆえ、子ども向けのアニメなどの暴力傾向には注意する必要がある。

読者は自分の生き方やファッションがどのように学習されたのか考えてみよう。

2　対話を通して学ぶ

人の学習の特徴の1つは言語を使用することである。ケンドラーら（H. H. Kendler & T. S. Kendler, 1962）の逆転移行学習の研究では、図6-12のような大－小と白－黒からなる選択課題で、最初は「大」が正解で、それを学習した後、「小」が正解（逆転移行）か、「黒」が正解（非逆転移行）という学習をやり直す。動物は大が正解から黒が正解と、正解が半数だけ入れ替わる非逆転移行が得意である。しかし、人の場合は正解が大から小に逆転する移行が得意である。それは、人は「大小だな」と言語的な反応を媒介にして大を選ぶ。だから、正解が逆転しても、やはり「大小だな」と考えてから小を選べばよい。しかし、非逆転では、「大小だな」という言語反応から「白黒だな」に変えなくてはならない。だから、人にとっては非逆転のほうが、むしろ難しいのである。このように、人は言語を使うことで他の動物より有利に学習することができるのである。

チンパンジーの子どもは、親のすることをじっと見てまねをする。チンパ

(大きいほうが正解)
(小さいほうが正解)
(黒いほうが正解)

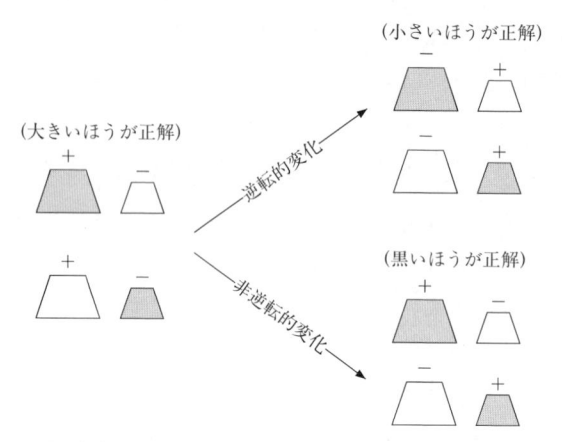

はじめに大きいほうが正解という学習をする。その後、逆転移行では逆転して、小さいほうが正解となる。非逆転移行では大一小に関わりなく、黒いほうが正解になる。

図6-12　移行学習（H. H. Kendler, 1961）

ンジーの学習も社会的である。人の場合は、さらに他人の行為だけではなく、他人の様子や感情にも注視し、他人の意図や目的を理解して、対話し相互行為的に学習する。ヴィゴツキー（L. S. Vygotsky, 1962）によれば、人の精神活動は、人と人との関係や社会生活に起源がある。子どもは課題が自分だけではできない時、有能で文化を担う大人とのやりとりを行ない、相互交渉の体験を内化し、自分のものとして取り込むという学習をする。

5　技をみがく

スポーツ、機械の操縦、手仕事など技能の学習で大切なのは、やってみること、つまり練習することである。しかし、ただむやみに練習し続けることは、技能の向上につながるとは限らず、単にがまん強さの訓練になるか、間違ったやり方の学習になる場合も多い。

ソーンダイクは被験者に目隠しをさせて、3インチ（約8センチ）の線を引く練習を100回させたが、まったく進歩しなかった。練習しても目隠しして

いると自分の行動の結果がわからないからである。行為の結果の知識（KR）を与える、フィードバックすることが大切である。KRは「良い」－「悪い」といった単純な情報より、1インチ短いというような具体的で的確な情報を、時間をおかずに与えることが大切である。VTRはスポーツなどで自分の遂行をフィードバックするのに有効である。この際、モデルの理想に近い遂行を見せて、自分の遂行との比較をしたり、違いを指摘することはさらに効果的である。

　学習の成果は練習によって少しずつ表われる。と同時に、ある時「コツ」をつかんで飛躍的に向上する場合もある。ゲシュタルト心理学のケーラー（W. Köhler）は、試行錯誤的な学習観を批判し、学習は問題の構造を把握し再体制化することであるという点を強調した。この観点は第7章で述べられるが、技能の学習を考える場合にも示唆に富む。つまり、ガイダンスによって、その技能の構造を知ることは技能の向上のみならず、似たような場面への転移、つまり応用を促す。また、たとえばゴルフのショットは常に違う状況や距離で行なわれる。しかし、そこにはクラブ、芝、力などについての一般法則がある。これについてのスキーマ、つまり、このような状況・行動についての認識の枠組みを、いつも同じ練習状況ではなく、違う状況の練習から作っていくことがよい練習法となる。

推薦図書

G. H. バウアー & E. R. ヒルガード、梅本堯夫監訳（1988）『学習の理論（原著第5版）（上・下）』培風館
羽生義正編著（1999）『パースペクティブ学習心理学』北大路書房
伊藤正人（2005）『行動と学習の心理学―日常生活を理解する―』昭和堂
J. E. メイザー、磯　博行他訳（1999）『メイザーの学習と行動（第2版）』二瓶社
実森正子・中島定彦共著（2000）『学習の心理―行動のメカニズムを探る―』サイエンス社
山内光哉・春木　豊編著（2001）『グラフィック学習心理学―行動と認知―』サイエンス社

第7章

覚える、考える（記憶と思考）

1 人の考え方を学ぶこと

　考えや思考に関する学問には規範的（normative）な学問と記述的（descriptive）な学問がある。規範的な学問とは、人はどのように考えるべきかを問う学問で、論理学などがこれにあたる。記述的な学問は実際の人間の考え方について研究する学問で、心理学では特に認知心理学という分野で研究されている。認知心理学とはどのような学問かを説明する前に図7-1を見てみよう。上の文字列は「モノレール」と、下の文字列は「モルタル」と読むはずである。しかし2文字目を比べてみると上下とも同じ「ル」なので、上の文字列を「モルール」と読むことも可能である。しかし私たちは一瞬の判断で「モノレール」と判断してしまう。これは、人間は普段ものを見る時、過去の経験や、知識、期待、欲求などに基づいて一瞬のうちに推論を行なってい

(a) **モノレール**

(b) **モノタル**

図7-1　モノレール？　モルール？

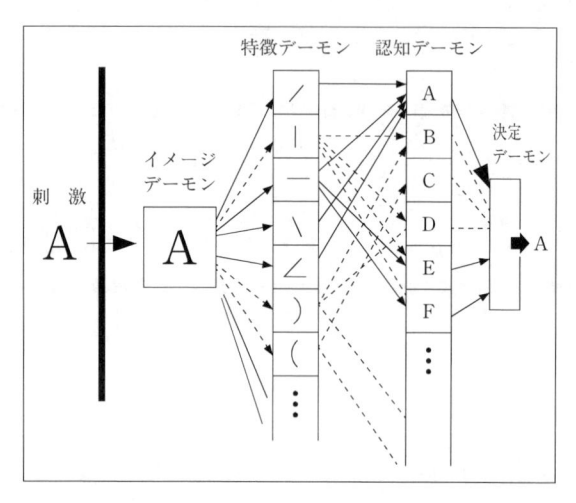

「A」という物理刺激が「A」と認識されるまでには、さまざまな過程を経なければならない。これをボトムアップ処理という。他方、図7-1(a)を「モノレール」と読んでしまうのは、知識からの影響があるため、これはトップダウン処理と呼ばれる。

図7-2　文字認識の特徴分析モデル

るためであるが、たとえばこのような一瞬の判断のしくみについて深く考えてみようというのが認知心理学である（図7-2）。

　認知心理学の守備範囲は広く、人間の知覚、記憶、学習、思考、言語などについての研究が含まれる。これらに共通しているのは人間をある種の情報処理体としてみるという点である。これはコンピュータの登場以降、認知心理学が隆盛となったということからわかるように、コンピュータシステムとのアナロジーから人間をとらえてみるということである。人間をコンピュータになぞらえるというと「人間は機械ではない」という意見が出そうだが、認知心理学ではもちろんそういう見方をしていない。あくまでもコンピュータとの比較から人間の認知のしくみや知性を解明するのが目的なのであって、研究対象はあくまでも人間なのである。認知心理学では人間の情報処理のプロセスを問題とする。従来は記憶や思考が主な研究分野であったが、最近では感情や社会的文脈が認知に与える影響の大きさがわかってきており、より

広い分野を研究対象としている。

　認知のしくみを解明しようとする認知心理学は社会のさまざまな分野で応用されている。日常社会や産業場面で起こるヒューマンエラーの解明とその予防には認知心理学的視点が欠かせない。教育現場では記憶や思考についての知識が不可欠だし、障害を持った人々の理解と支援のためにも認知的アプローチが必要である。医療・福祉の分野では失語症などの高次脳機能障害に対する認知リハビリテーションが行なわれている。そして何よりも、社会の側からの要請がある。欧米では目撃者の証言分析など、司法の分野でその成果を活かすことが求められているが、わが国でもこの分野の発展にはめざましいものがある。

2　覚える

　学校生活の中で自分にもう少し記憶力があればなあ、と思わなかった人はいないだろう。暗記科目といわれる社会科はもちろんのこと、数学や理科でもテストで公式を忘れ苦い思いをした人は多いだろう。そのため記憶＝暗記学習のイメージが強いが、一口に記憶といってもさまざまな側面がある。この節では心理学で記憶がどのように考えられているかについて述べる。

1　記憶の段階

　記憶の過程は、物事を覚え、覚えた情報を一定期間保ち、必要な時に思い出すという3つの段階に分けることができる。それぞれの段階は記銘・保持・想起と呼ばれてきたが、最近では情報処理の観点から符号化（encoding）、貯蔵（storage）、検索（retrieval）と呼ばれることが多い。符号化とは入力された刺激を「意味」に変換する過程である。たとえば「キオク」という文字が提示されれば視覚的に処理され、音声で提示されれば聴覚的に処理され、いずれも「記憶」という意味に符号化される。符号化された情報は一定期間貯蔵され、求められた時、それを検索し出力する。物事を思い出せない

というのはこの3段階のうちのいずれかで失敗したためと考えられる。

2 記憶のシステム

　記憶は保持時間の長さから、感覚記憶、短期記憶、長期記憶に区分される。感覚記憶というのは入力された刺激がごく短時間、感覚情報のまま感覚器にとどまるもののことで、視覚刺激では持続時間は約1秒以内、聴覚刺激では約5秒以内といわれている。感覚記憶のうち注意を向けられた情報だけが短期記憶に入る。短期記憶の容量には限界があり、何もしなければ情報はすぐに消失してしまうが、リハーサルなどの処理がなされた場合、情報は長期記憶に転送される。リハーサルとは記銘すべき情報を声に出してあるいは心の中で復唱することで、情報を短期記憶の中にとどめておく働きと長期記憶に転送する働きがある。長期記憶の容量には限界がないと仮定されている。アトキンソンとシフリン（R. C. Atkinson & R. M. Shiffrin, 1968）はこうした短期記憶と長期記憶からなる記憶に関する2重貯蔵モデルを提唱している（図7-3）。

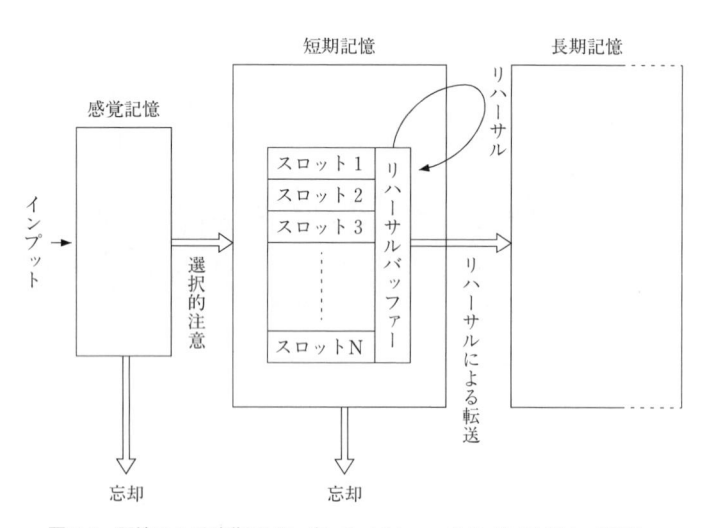

図7-3　記憶の2重貯蔵モデル（R. C. Atkinson & R. M. Shiffrin, 1968）

①ワーキングメモリ　短期記憶は数十秒の持続時間であるが、近年この短期記憶の概念を発展させたワーキングメモリの重要性が認識されつつある。ワーキングメモリとは、会話、読書、計算、推理など種々の認知活動の際に一時的に情報を保持するシステムであり、短期記憶の機能的側面に注目したものである。「32×9」という計算を暗算で行なう場合、「2×9」の答えを頭の中で繰り返したり（音韻ループ）、あるいは「18」という数字を頭の中にイメージしたり（視空間記銘メモ）する場合がこれにあたる。バッドリー（A. D. Baddeley）のモデルでは音韻ループと視空間記銘メモを制御する中央実行系が仮定されている。

②長期記憶　長期記憶は意味記憶（semantic memory）とエピソード記憶（episodic memory）に分けられる。意味記憶とは一般的知識のことで、学習された時や場所には依存しない。エピソード記憶は「先週の土曜日に何をしていたか」などいつ、どこでといった時間的・空間的関係がはっきりしている情報の記憶で、個人的経験と関連しているのが特徴である。

3　忘却のメカニズム

人間は誰しも忘却から逃れられないが、忘却の仕方にも各人に共通な一定のメカニズムがある。エビングハウス（H. Ebbinghaus, 1885）は無意味綴りという独自の記銘材料を用い人間の記憶について実験を行なった（無意味綴りというのはQIP、FEJ、NIV、ケネ、テヤ、ツヌなど意味のない綴りである）。有意味単語を記憶材料として用いれば、日常的知識が記憶学習に影響するおそれがあるためである。彼は時間経過の関数として材料の記憶率（保持率）がどのように変化するかについて今なお有名な忘却曲線を示した（図7-4）。

「机、鳥、靴、学校、月…」などのような記憶材料のリストを提示し、それらを再生させた場合、リスト内の系列位置により再生率が異なる（系列位置効果）。通常はリストの初頭部と終末部の再生率が高くなるが、前者を初頭性効果、後者を新近性効果と呼ぶことがある。ところでリストの提示後、リハーサルをさせないようにしながら数十秒時間をおいて再生させると、系列

位置曲線に変化が生じ、新近性効果がみられなくなる。

これは新近性効果が短期記憶を反映しているからで、数十秒の遅延期間の間に、短期記憶からの忘却が生じたためと解釈される。

忘却の説にはいくつかあるが、一種の記憶痕跡を想定し時間と共にその痕跡が消えてしまうという減衰説の考え方がある。それに対し干渉説では記憶は永続的であると仮定しており、記憶保持期間の精神活動による干渉に忘却の原因を求めている。記憶学習の後に一定期間睡眠をとった場合と起きていた場合では、前者の方が記憶がよかったという実験結果もこの説を支持している。検索失敗説でも、情報は記憶に貯蔵されていると仮定する。そして適切な検索のための手がかりがないから思い出せないだけであると考える。また不快な記憶は無意識的に抑圧してしまうという抑圧説もある。

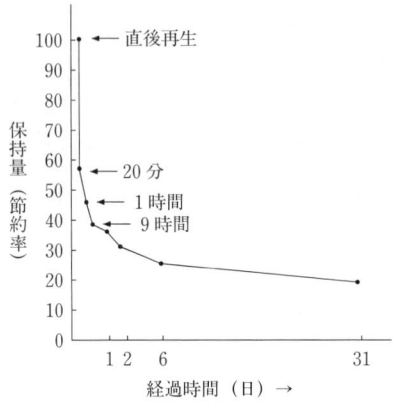

図7-4 エビングハウスの忘却曲線

4 記憶の諸側面

①処理水準説　人間の情報処理過程には水準があり、処理水準が深くなれば記憶痕跡が強固になり、忘れにくくなるとする説である。クレイクとタルヴィング（F. I. M. Craik & E. Tulving, 1975）の実験では被験者にまず、次々と単語を示し、その単語が大文字か否か（形態処理水準）、韻を踏んでいるか（音韻処理水準）、ある文章に挿入できるか（意味処理水準）を判断させた。その後記憶テストとしていろいろな処理をした単語の再認を求めた。その結果予想通り処理水準が深いほど再認率が高かった。

②宣言的記憶と手続的記憶　記憶の障害である健忘症患者から得られたデータから宣言的記憶と手続的記憶の区別が示唆されている。宣言的記憶とは

第7章 覚える、考える（記憶と思考）

意識的想起が可能な記憶のことで、内容について述べることができる記憶という意味で陳述記憶ともいう。手続的記憶とは言葉で表現できない記憶で技能や習慣などが例として挙げられる。ある健忘症患者は物事を覚えられなくなっていたが、鏡映描写という知覚運動学習（技能）の成績は上昇したのである。その際でも前の日に訓練したこと自体は思い出せないのであった（図7-5）。

③日常の記憶　最近では日常生活に関係の深い記憶についてもさかんに研究が行なわれている。展望記憶はその一例でこれから行なうべき行動についての記憶である。これには、しなければならないことをいったん忘れ、適切なタイミングでまたそれを思い出すといった特徴がある。

④記憶の変容　人間の記憶に関していえば、思い出せないこと自体よりも知らず知らずのうちに誤った記憶を再構成してしまうことのほうが問題かもしれない。図7-6に示すように想起された記憶内容はしばしば変容し、当初の情報や事実からかけはなれたものになっている場合が多い（現実場面では何が「事実」であったかを確認することさえ困難なことが多い）。それは1つには私たちが物事を思い出そうとする時は限られた情報に推論を加えて記憶

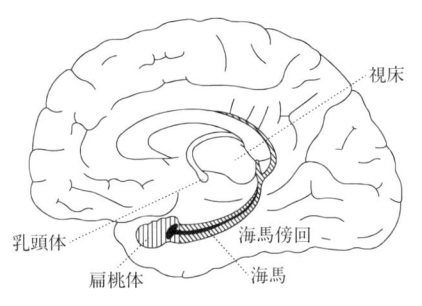

健忘症の事例から海馬と呼ばれる場所が記憶形成に関係しているといわれている。

図7-5　脳の内側部

古代エジプト時代の絵文字が、人から人へリレー式に再生されていくうちに、現代人にとって見慣れたネコの絵に変わってしまった例。

図7-6　絵画材料の記憶変容（F. C. Bartlett, 1932）

を構成する傾向にあるからである。バートレット（F. C. Bartlett, 1932）は、人間の認識活動には「意味を求める努力」があることを指摘している。物事を思い出すという想起に影響を与えるのはスキーマとかステレオタイプといった既有知識であり、多くの実際的場面での想起は多少なりともそうした知識に影響された構成的なものである。

3 考えるしくみ

　さまざまな教科がある中で最も「考える」科目は数学であると思う人が多いのではないだろうか。確かに数学の問題は単なる知識だけでは解けなくて、応用問題はもとより $56-7\times8$ のような比較的単純な計算問題でもなにがしか考える必要がある。日常生活でも「今晩何を食べようか」「明日何を着ていこうか」「将来何になろうか」と考えることの連続である。ただし1つのことをあまり考えすぎると「悩み」になるし、事実に基づかない考えは「妄想」となってしまう。認知心理学の立場から考えるしくみについてみてみよう。

1　人間の思考の特徴

　考えること、すなわち考える働きや過程を思考という。人間の思考にはさまざまな形態があるがそれらに共通することは、与えられた刺激場面に対して、すぐ外的反応をすることを差し控えて、何らかの意味で適応的な内的過程を進行させるという点である。思考の特徴として問題性（問題の認識）、延滞性（問題に対して外的反応をいったん停止する）、指向性（問題を解決しようとする）、論理性（前提から結論まで論理的なつながりを持つようにする）などが挙げられる。

　心理学の実験からは人間は論理的思考が苦手であることがわかる。図7-7ような問題（4枚カード問題）を128名の大学生に解かせたところ、正しく答えられた者はわずかに5名（正答率約4％）だったという。その後の研究も加

第7章 覚える、考える（記憶と思考）

> 一方の面には数字が、他方の面にはアルファベットが書いてあるカードが何枚かあります。この中から4枚のカードを選んで、片面だけが見えるように並べたとします。
>
> | E | K | 4 | 7 |
>
> さて、これらの4枚のカードについて、
> 「もしあるカードの片面に母音が書いてあるならば、そのカードのもう一方の面には偶数が書いてある」
> という規則が成り立っているかどうかを確かめたいのですが、そのために裏面に何が書かれているかを必ず見なければならないカードだけを選んでください。

図7-7　4枚カード問題

味すると正答率は10％程度であるという。この問題を演繹的推理における仮言的三段論法により考えてみよう。仮言的三段論法というのは大前提が「pならばq」のように仮言的判断（条件文）となっているものをいう。ここでpは前件、qは後件といい、さらに大前提の前件が小前提で肯定される肯定式と、大前提の後件が小前提で否定される否定式の2つの形がある。

　　　　　肯定式
　　大前提：pならばqである
　　小前提：pである
　　　結論：qである

　　　　　否定式
　　大前提：pならばqである
　　小前提：qでない
　　　結論：pでない

論理的に正しい結論が導かれるのは上の肯定式と否定式の時だけである（pに「天気が雨」、qに「遠足は中止」などの文言を入れればより具体的イメージがわくだろう）。したがって4枚カード問題で選ぶべきカードはEと7の2枚のカ

```
┌─────────────────────────────────────────────────────┐
│  カードの片面には人の年齢、カードのもう一方の面にはその人が飲んでい │
│  るものが書かれています。規則は次の通りです。              │
│   「もしある人がビールを飲んでいるならば、その人は20歳以上でなけれ  │
│    ばならない」                                    │
│  人々が規則に違反しているかどうかを決定するために明らかに必要なカー │
│  ドを選んで下さい。                                 │
│                                                     │
│   ┌─────┐ ┌─────┐ ┌─────┐ ┌─────┐              │
│   │ビールを│ │コーラを│ │     │ │     │              │
│   │飲んで │ │飲んで │ │22歳 │ │16歳 │              │
│   │いる   │ │いる   │ │     │ │     │              │
│   └─────┘ └─────┘ └─────┘ └─────┘              │
└─────────────────────────────────────────────────────┘
```

図7-8　4枚カード問題の飲酒バージョン

ードであるというのが論理的な答えである。しかし実際には、Eと4を選ぶ者の数が多い。なぜこのような答えを（誤って）選択するかについては確証バイアスによる説明がある。確証バイアスとは、人は仮説を検証する（自分の考えに合致した）証拠を探し、反証する証拠は探さない傾向にあるというバイアスである。したがって被験者は仮説を検証する母音を選択し、また、偶数が母音の裏にあることを確かめるために偶数を選択してしまうという説明である。ところで、図7-8の問題を考えてみよう。こちらの問題は比較的簡単に解けるのではないだろうか？しかしこれは論理的には4枚カード問題とまったく同じ問題なのである（答えは「ビールを飲んでいる」と「16歳」のカードである）。このように問題がより具体的で、日常経験に適合するような場合に正答率が向上するのは主題性効果（thematic effect）と呼ばれている。

　私たちはまた、確率的な判断をする時にも誤った推論をしやすい。次の技術者問題を考えてみよう。

技術者問題　ある100名からなる集団のメンバーに職業を尋ねたところ、30名が技術者で残りの70名は弁護士であった。集団からランダムに1名を選んだところ、ジャックという45歳の男性が選ばれた。彼は既婚者で子どもが4人いる。彼は保守的で、注意深く、意欲的である。政治や社会問題には関心がなく、日曜大工やヨット、数学パズルが趣味である。選ばれたジャックが技術者である確率はどれくらいか。

ジャックの趣味が数学パズルで政治や社会問題に関心がないことから、彼の職業が技術者である確率はかなり高いように思われる。実際この問題に対して、彼が技術者であると考える人々は90％以上というかなり高い数値であることが報告されている。しかし述べられたジャックの特性がどんなものであれ、100名の集団内で技術者はそもそも30名しかいないという点（事前確率）を考慮すれば、90％という推測値は高すぎるように思われる。この例は確率的な推論をする際、人は基準となる比率を無視しやすいということを示している。

以上のような例から、人は日常生活では必ずしも論理的な推論を行なっているわけではなく、ヒューリスティックス（heuristics）により推論を行なっていると考えることができる。ヒューリスティックスというのは論理的には正確ではないが、日常生活場面では有効な経験則による問題解決方略のことで、うまく適用されれば素早く解に至ることが可能である。しかし、典型例で判断してしまう代表性（representativeness）ヒューリスティックス、利用可能な知識で判断してしまう可用性（availability：検索容易性とも訳される）ヒューリスティックスなど誤った判断を導きやすいものもある（トヴァスキーとカーネマン〔A. Tversky & D. Kahneman〕）。

2　問 題 解 決

問題解決とは①問題（目標）がそこにあり、②解決の手段や方法が直接的に与えられていない時に、③一定のある方向に方向づけられている思考によって解決されることであるといえる。問題解決を阻害する要因として機能的固着（functional fixedness）がある。図7-9の問題（2本ひも問題）で正答が得られにくいのは、図中のそれぞれの事物に対するある種の固定観念があり、そのような思い込みが思考にバイアスをかけているためと思われる。

心理学では問題解決に対しさまざまな立場からアプローチがなされてきた。その1つは行動主義によるアプローチである。ソーンダイク（E. L. Thorndike）は彼自身が問題箱と呼んだ箱にネコを入れその行動を観察した。ネコは

上のような部屋があります。2本のひもを結び合わせるにはどうしたらいいでしょう。部屋の中にある物は何を使用してもかまいません。

図7-9　2本ひも問題

いろいろな行動をとるがそのうちに偶然箱から出ることができる。このような試行錯誤を繰り返すうち問題を解決するとした。行動主義の心理学では刺激と反応の連合に焦点を当てるため、問題解決に至る内的過程はあまり重視されない。それに対しゲシュタルト心理学ではチンパンジーがエサをとるため、その場にある箱や棒を道具としてうまく使うという問題解決行動の観察から、問題解決にとって重要なのは、問題場面の全体的構造を理解すること（洞察）であるとし、能動的な認知過程を重視した。

　コンピュータの発展に影響を受けた認知心理学では人間を情報処理システムと見なし、その問題解決過程を解明しようとしている。ここではコンピュータに問題を解かせるプログラムや人工知能の開発を目指しながら、あくまでも人間の思考の理解を目標としている。コンピュータ・プログラムの1つの例はハノイの塔を解くプログラムで、ある事態（初期状態）と目標状態と

の差をなくすような操作を見つけるといった手段-目標分析による解決が図られる。

3 言　語

　広い意味では記号のシステムを言語と呼ぶ (心理学辞典、1999)。人間の言語は自然言語と呼ばれ、他の記号システムである動物のコミュニケーション手段や、コンピュータのプログラミング言語などとは区別される。言語の特徴としては恣意性 (arbitrariness)、転位性 (displacement)、生産性 (productivity) などが挙げられる。赤くて丸い果物というとリンゴを思い浮かべるだろうが、よく考えてみるとその果物を「リンゴ」と呼ぶ必然性はどこにもない。他の言語では同じものを指して apple, Apfel などという。このように言語とその指示物との間に本質的関係がなく、人間が任意に対応を設定しているというのが言語の恣意性である。私たちは言葉により現在・過去・未来・行ったこともない土地など、時空の制約を超えた話ができる。これを言語の転位性という。また私たちは有限個の単語から文法・規則に基づいて無限に文を産出することができる。これが言語の生産性である。

　言語の特性が、その言語を話す人々の認識の仕方を規定するという考えを言語相対性仮説 (サピア＝ホワーフ仮説) という。たとえば極北に住むエスキモーは雪の状態をそれぞれ個別の語で呼び分けているが、それらを総称した雪という語は持たないという。そのような言語体系は彼らの雪に対する認識の仕方にある一定の枠組みを与えていると考えられる。

　ヴィゴツキー (L. S. Vygotsky) は、言語はもともと社会的コミュニケーションの道具 (個人間精神機能) であり、社会に向けられたものであるが、次第に自己に向けられた言語 (個人内精神機能) に機能的に分化していくと考えた。このように発達に伴い内面化された言語は思考の道具として、また行動の計画・調整のための道具として機能するようになるのである。

　言語と脳の関係についてみると、人間の大脳半球には機能差があり、言語機能は一般に左半球に側性化している。右半球は視空間認知など非言語機能

に優れている。図7-10は分割脳患者を対象にした言語半球優位性に関する実験の説明である。

4 創造性

ギルフォード（J. P. Guilford）は問題が明確に与えられ定まった解答を追求する収束的思考（convergent thinking）と少ない手がかりから多くの解答を求めていく拡散的思考（divergent thinking）とを分けた。この拡散的思考をもとに、創造性の因子として、問題に対する敏感さ、思考の流暢性、思考の柔軟性、独創性、考え方の緻密さ、問題の再定義能力などを挙げている。また創造性を支えるものとして、知的好奇心が旺盛、あいまいさに対して比較的寛容、新しいことや変化を好むといった態度特性が挙げられる。創造性の段階としてワラス（G. Wallas）は準備期、あたため期（孵化期）、ひらめき期、検証期の4段階を考えた。

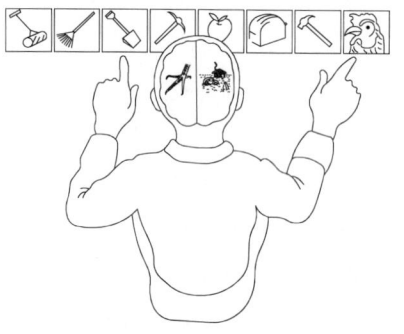

分割脳（split brain）は、左右大脳両半球面の連絡線維（主として脳梁）を切断された脳のことをいう。左半球は右視野のトリの足を見て、右手にニワトリのカードを選ばせる。この場合、左半球（言語優位半球）はなぜニワトリを選んだかについて説明できる。しかしながら、右半球は左視野の雪景色を見て、左手にスコップのカードを選ばせることはできるが、言語機能を司る左半球からの情報伝達がないため、その理由を説明することができない。

図7-10 分割脳患者による言語優位半球の実験（M. S. Gazzaniga & J. E. LeDoux, 1978）

4 かしこさとは

テストと聞いただけで不安になり、問題をみて真っ青になり、テストが返却されると卒倒しそうになる…もう少し頭がよければなあと深いため息をつ

第7章　覚える、考える（記憶と思考）

いた経験は誰にでもあるだろう。学校の成績と頭のよさの間には何らかの関係があるだろうと誰しもが思うだろうし、また頭のよさには記憶力や思考能力が関係しているだろうことも予想がつく。ただそういった頭のよさというのは実のところ何なのだろうか？　人間の知的能力について心理学ではどのように考えられているかみてみよう。

1　知能とは

　知能とは何かについて心理学では次のような考え方がある。
　①学習能力とする考え方　経験によって獲得していく能力あるいは獲得の可能性であり、特に教育場面に関係する。
　②抽象能力とする考え方　事物を概念的に考えたり、符号を取り扱うことのできる能力。抽象とは事物または事象のある性質を抜き離して把握すること。
　③適応能力とする考え方　変化する環境条件、不慣れな状況、新しい諸要求に正しく適応できる能力で、人間や動物を含めた生物全体に適用できる考え方。
　知能検査で有名なウェクスラー（D. Wechsler）はこれらを総合して知能を目的的に行動し、合理的に思考し、かつ能率的にその環境を処理しうる総合的、全体的能力であるとしている。
　知能がどのような因子から成り立っているかについてもいくつか考え方がある（図7-11）。スピアマン（C. Spearman）は10歳〜17歳の児童・生徒にさ

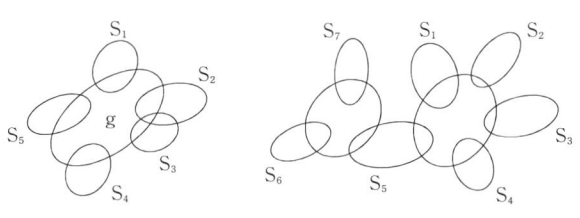

スピアマンの2因子説　　　サーストンの多因子説

図7-11　知能の因子説

まざまな検査を実施し、結果を因子分析という手法で分析したところ、すべての知的な働きに共通的な因子（一般因子、g因子）と、特殊な働きをする知能の因子（特殊因子、s因子）を見出した。これは知能の2因子説と呼ばれている。一方サーストン（L. L. Thurstone）は大学生に知的能力テストを実施し分析した結果から、空間、知覚、数、言語、記憶、語の流暢さ、推理の7因子からなる多因子説を唱えた。ギルフォードは知能を内容、操作、所産の3次元でとらえた知性の構造モデルを提唱している。

2　知能の測定方法

今日知能検査と呼ばれている検査の原型はフランスのビネーとシモン（A. Binet & T. Simon, 1905）による検査までさかのぼる。これは学校教育において発達遅滞の児童を科学的に見出し、教育の可能性を追求しようという目的で開発されたものである。その後シュテルン（W. Stern）により知能指数（Intelligence Quotient：IQ）の概念が示された。IQ＝（精神年齢／生活年齢）×100である。ここで精神年齢というのは検査得点によって示されるもので、また

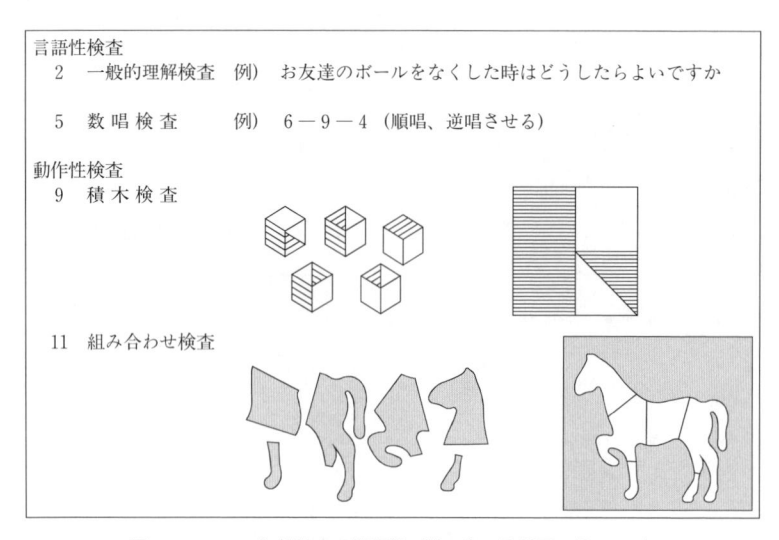

図7-12　WISC知能検査の問題例（児玉省・品川不二郎、1963）

生活年齢とは暦年齢のことである。この検査はビネー式検査としてわが国でも広く普及している。その後アメリカのウェクスラーはより診断的な検査を開発したが、この検査も今日広く用いられている。ウェクスラーによる検査には成人用（WAIS）と児童用（WISC）がある。いずれも言語性検査と動作性検査の2領域からなり、またそれぞれ数種類の下位プロフィールを描くことができる。結果は標準得点（一般的に z で表される）をもとに算出される偏差IQで示される。

3　かしこさとは（新しい知能観含む）

従来の知能検査は人間の知的能力のほんの一部を測っているだけで、人間の知能全体を十分反映していないのではないかという批判が最近起こってきた。その代表はガードナー（H. Gardner）による多重知能理論である。彼は表7-1にあるように人間の知的能力の多重性を強調している（最近では博物的知能を加えることも提案している）。ガードナーの理論に対しては、彼の言っているものは知的能力というよりもむしろ才能と呼ぶべきで、すべてを知能に含めることが適切だろうかという指摘がある。スタンバーグ（R. J. Sternberg）は自身の理論に基づいて3種の知能を想定している。分析的知能、創造

表7-1　ガードナーによる7つの知能

1．言語的知能　話し言葉と書き言葉への感受性、言語を学ぶ能力およびある目的を達成するために言語を用いる能力など。
2．論理数学的知能　問題を論理的に分析したり、数学的な操作を実行したり、問題を科学的に究明する能力。
3．音楽的知能　音楽的パターンの演奏や作曲、鑑賞のスキル。
4．身体運動的知能　問題を解決したり何かを作り出すために、体全体や身体部位（手や口など）を使う能力。
5．空間的知能　広い空間のパターンを認識して操作する能力や、もっと限定されたパターンについての能力。
6．対人的知能　他人の意図や動機づけ、欲求を理解して、その結果、他人とうまくやっていく能力。
7．内省的知能　自分自身を理解する能力。自分自身の欲望や恐怖、能力も含めて、自己の効果的な作業モデルを持ち、そのような情報を自分の生活を統制するために効果的に用いる能力。

的知能、実際的知能である。このうち実際的知能は現実の問題を解く能力であるが、現実の問題は学校とは違い、人によってそれぞれ重要な問題が異なる、明確な正答・誤答がない（ある正答が立場によりあるいは時間を経て誤答になったりする）などの特徴がある。

生涯発達の立場からキャッテル (R. B. Cattell) による流動性知能 (fluid intelligence) と結晶性知能 (crystallized intelligence) の概念が注目されてきている。前者は知覚の速度や記憶の範囲などの生物学的能力で、後者は言語的能力、社会的能力など経験を反映する能力である。流動性知能は青年期をピークにしてそれ以降年齢と共に衰退する。しかし、結晶性知能は経験の蓄積により衰えることなく持続すると考えられる。人生に対する深い知恵や洞察なども年齢と共に獲得されていくものと思われる。

推薦図書

E. B. ゼックミスタ & J. E. ジョンソン、宮元博章・道田泰司・谷口高士・菊池聡訳（1996）『クリティカル・シンキング　入門編』北大路書房
E. B. ゼックミスタ & J. E. ジョンソン、宮元博章・道田泰司・谷口高士・菊池聡訳（1997）『クリティカル・シンキング　実践編』北大路書房
池谷裕二（2001）『記憶力を強くする』講談社ブルーバックス
守　一雄（1995）『現代心理学入門Ⅰ　認知心理学』岩波書店
森　敏昭編（2001）『おもしろ記憶のラボラトリー』北大路書房
佐藤達哉（1997）『知能指数』講談社現代新書

第 8 章

自分と他人を知る（社会的認知）

1 自分と他人を知るとは？——社会心理学の意義と効用

1 社会心理学とは

　私たちは、孤島に1人きりで暮らしているわけではなく、家族や友人、先輩や後輩、教師やアルバイト先の上司など、自分を取り巻くさまざまな人たちと関わり合いながら生きている。また、所属する学校、職場、サークル、そして国や地域社会などからさまざまな影響を受けると共に、これらの組織や集団に対してメンバーとして何らかの働きかけを行なっている。
　ところで、読者のみなさんも経験しているように、私たちの意識や行動は、1人でいる時と、恋人や友人と一緒に過ごしたり教室やアルバイト先で他の人たちが居合わせている場面とでは大きく異なる。そればかりか、実際には目の前に存在していなくても、特定の他者や集団のことを思い浮かべるだけで意識や行動が微妙に変化することすらある。心理学の中でも、このような社会（他者、組織・集団、規範、慣習など）との関わり合いに伴う個人の心理や行動のしくみを明らかにしようとするのが社会心理学である。
　社会心理学者は多くの研究を通じて、私たちの社会的行動、すなわち、対人場面や集団場面での心理と行動の特徴を明らかにしてきた。それらを学ぶことによって、私たちは、自分と他者、自分と組織や集団との関係を理解し、

将来の関係を予測し、時にはそれらを制御する方法を身につけると共に、よりよい対人関係を形成したり組織や集団に適応するための指針を導くことができる。

2 "自分そして他人を知るしくみ"が重要な理由(わけ)

社会心理学の研究領域は非常に幅広いが、本章では、"他人そして自分を知るしくみ"を解説する。これらは、私たちの社会的行動を理解するうえで欠くことのできない基本的な要素である。なぜならば、他者をどのように認識するかということが、その相手との将来の関わり方(対人的相互作用の様態)に影響を及ぼすからである。たとえば、ゼミ担当のN先生を「怖そうな人」だと感じたSさんと「頼りがいがありそうな人」だと思ったMさんのその後を比べると、SさんがN先生にあまりなじめないのに対して、Mさんはすぐに友好的な関係を築くことができるだろう。

また、"自分を知ること"と"社会的行動"の間には、一見、何の関連もありそうにないが、自分自身をどのように認識するかによっても私たちの対人的相互作用は大きく異なる。たとえば、自分を「統率力がない」と思い込んでしまった上司は部下の顔色をうかがいながら恐々と指示を与えがちであるのに対して、自分を「リーダーシップがある」と考える上司は自信と威厳を持って部下に対峙することができるだろう。

このように、"他人や自分を知るしくみ"を研究することは、取りも直さず"他者との関わりのしくみ"を解明することにつながるのである。次節以降では、まず、他人を知るしくみ(対人認知、社会的態度)および自分を知るしくみ(自己)に関する基本的な知見を紹介する。あわせて、他人や集団の見方を歪めてしまうしくみ(ステレオタイプ、偏見)と、人を好きになるしくみ(対人魅力)について解説する。

なお、他者との関わりに関する具体的な研究成果、集団場面での心理と行動の特徴については第9章で詳しく述べる。

第8章 自分と他人を知る（社会的認知）

2　他人を知る──対人認知

　私たちが他人を知るしくみとは、どのようなものだろうか。この疑問に答えてくれるのが対人認知に関する研究である。

1　他人を知るしくみ

　私たちが他者を知るには、必ずしもその人と何度も交流を重ねる必要はない。たとえ一度しか会ったことがなくても、時には、直接会ったことがない相手でさえ間接的に得た情報からその人物の印象を形成することができる。対人認知研究の先駆者であるアッシュ（S. E. Asch, 1946）は、ある人の特徴であるとしたうえで、図8-1のaに示したような性格形容詞リストを被験者に提示して、その人がどのような人物であると思うかを尋ねた。その結果、被験者たちが思い描いた人物像は驚くほど生き生きしたものであったという。このように、私たちは断片的で限られた情報しか与えられていなくても、そこからまとまりのあるパーソナリティ像を形成することができる。

　また、アッシュは、先に述べたリストのうち、「あたたかい」を「つめたい」に変えただけで他は同一であるリスト（図8-1のb）を提示した場合、被験者がイメージする人物の印象は最初のリストに比べて否定的になることを見出した。この傾向は現実場面においてよく見受けられる。たとえば、「あたたかい」、「勤勉な」という特性を持つと認知したクラスメートには勉強を

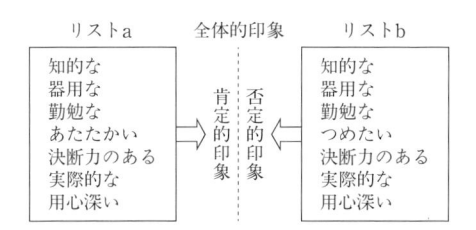

リストa	全体的印象	リストb
知的な 器用な 勤勉な あたたかい 決断力のある 実際的な 用心深い	肯定的印象 ⇔ 否定的印象	知的な 器用な 勤勉な つめたい 決断力のある 実際的な 用心深い

図8-1　アッシュが実験で用いた特性語リストとその全体的印象（S. E. Asch, 1946をもとに作図）

教えてもらおうという気になりやすいが、「つめたい」、「勤勉な」と思った相手には頼りにくいだろう。このように、限られた情報から人物の印象を形成する際には、「あたたかい－つめたい」のように全体的な印象に大きく影響する特性（中心的特性）とあまり影響しない特性（周辺的特性）がある（図8-1）。ただし、「あたたかい－つめたい」が図8-1と異なる別の特性語群に埋め込まれると、全体的印象への影響力が減衰することがある。すなわち、ある特性が中心的であるのか周辺的であるのかは、文脈に依存したものであって必ずしも絶対的なものではない。

　こういった対人認知のしくみは、私たちが日常生活の中で多くの人たちと出会い、その人たちと関わっていく過程で大いに役立っている。なぜならば、初対面の（または、第三者の紹介などによる間接情報しかない）他者をまとまりのあるパーソナリティの持ち主としてそれほど時間をかけずにある程度理解することによって、その相手と次に（または初めて）会う際に戸惑うことなく円滑に相互作用を営むことができるからである。加えて、人物の印象は与えられた情報が単に寄せ集められて形成されるのではなく、相手と関わっていく際に相対的に重要であると思われる側面が強調されたうえで形成されるなど、このしくみには優れた働きが備わっている。

　しかし、対人認知は限られた情報に基づく推論過程であるがゆえに、そのしくみには、時折、他人の見方をゆがめてしまうという短所も並存する。そのしくみについては、第3節で解説しよう。

2　他人を知る"ものさし"

　読者のみなさんは友人や先輩・後輩たちの性格をどのような観点でとらえているだろうか。他者の性格の見方は、人によって異なるものだろうか。あるいは、人々に共有された見方があるのだろうか。答えは、2つともYESである。

　私たちは1人1人が「人の性格とは、○○のようなものである」という素朴な見方をもっており、それが他者のパーソナリティをどのように認知する

第8章　自分と他人を知る（社会的認知）

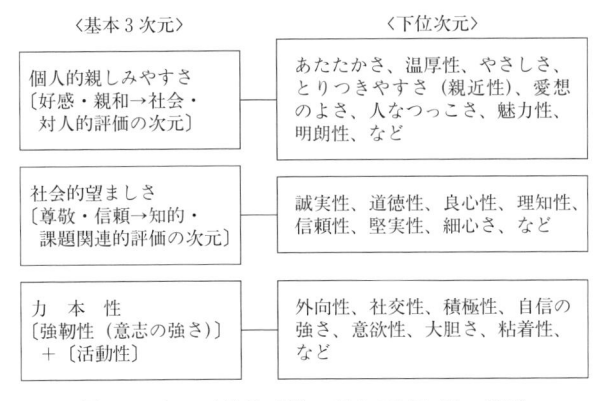

〈基本3次元〉	〈下位次元〉
個人的親しみやすさ〔好感・親和→社会・対人的評価の次元〕	あたたかさ、温厚性、やさしさ、とりつきやすさ（親近性）、愛想のよさ、人なつっこさ、魅力性、明朗性、など
社会的望ましさ〔尊敬・信頼→知的・課題関連的評価の次元〕	誠実性、道徳性、良心性、理知性、信頼性、堅実性、細心さ、など
力　本　性〔強靭性（意志の強さ）〕＋〔活動性〕	外向性、社交性、積極性、自信の強さ、意欲性、大胆さ、粘着性、など

図8-2　パーソナリティ認知の基本3次元（林、1978）

かを規定している。ブルーナーとタジウリ（J. S. Bruner & R. Tagiuri, 1954）はこれを暗黙裡の性格観（implicit personality theory）と呼んだ。これは、いわば他人の性格をはかる"ものさし"のようなものである。暗黙裡の性格観にはその個人に特有の次元と、多くの人に共通する次元がある。林文俊（1978）は多くの人に共通するパーソナリティ認知の基本次元として、「個人的親しみやすさ」、「社会的望ましさ」、「力本性」を見出した（図8-2）。つまり、人の性格をはかるこれら3つの"ものさし"は多くの人にとって了解可能なものであり、他者との意見交換に耐えうるだけの普遍性を持っているといえる。

　ここで、FさんとWさんが共通の友人Kさんのことを酒の肴にして杯を交わしている場面を想像してみよう。FさんはKさんと同じ体育会系サークルに所属しており、そのキャプテンとして部員を統率するKさんの積極性や誠実さを高く評価している。一方のWさんはサークルには所属しておらず、Kさんとは同じアパートに住んでいる関係で、互いの部屋を行き来しては音楽を聴いたり、他愛のない世間話に花を咲かせるといった間柄である。WさんはKさんの温厚さに惚れ込んでいる。2人は、Kさんの話題で意気投合し宴席は大いに盛り上がったという。

　どうして2人はKさんのことで盛り上がることができたのだろうか。そ

もそも、Fさんはパーソナリティ認知の基本3次元のうち、Kさんの「力本性」と「社会的望ましさ」に、Wさんは「個人的親しみやすさ」に心酔しており、評価する次元は両者で異なっていた。しかし、Kさん評を交わすうちに2人は互いが知らなかったKさんの性格の長所に気づき、そのことに共感し合うことで場がさらに高揚していったのだと思われる。

3 他人の見方の一貫性とゆがみ——態度とステレオタイプ・偏見

　私たちの他人の見方とは常に一貫したものであろうか。また、私たちは他者を正確にみているのだろうか。ここでは、他人の見方（社会の見方を含む）に一貫性をもたらすしくみ（態度）と、他人をみる時に誤りや偏りが生じてしまうしくみ（ステレオタイプ、偏見）について論じる。

1　他人の見方の一貫性——心理学でいう態度とは

　読者のみなさんは、「態度」という言葉からどのようなことを連想するだろうか。日常的には、「反抗的な態度」とか「真剣な態度」など、どちらかといえば、しぐさ、振る舞い、表情など、目に見える動作を表わすことが多いだろう。これらは、心理学でいう「態度」とは異なる。心理学では、さまざまな刺激（事象、出来事、他者、自分自身など）に対する私たちの反応に一貫性をもたらすのが「態度」であるとされる。ここでいう反応とは、刺激に対する意見、評価、感情、行動などを指す。

　ローゼンバーグとホヴランド（M. J. Rosenberg & C. I. Hovland, 1960）によると、態度は、認知、感情、行動の3つの要素で構成されている。認知要素は、他者や事象に関する知識や信念の側面である。感情要素は、他者や事象に対する好き－嫌い、快－不快といった情緒的な側面である。そして、行動要素は、他者や事象に対する具体的な働きかけや行為およびその準備状態の側面である（図8-3）。たとえば、プロゴルファーの石川遼選手に対するファンT子さんの態度を考えてみよう。T子さんは石川選手のことを、高校在学中

第8章 自分と他人を知る（社会的認知）

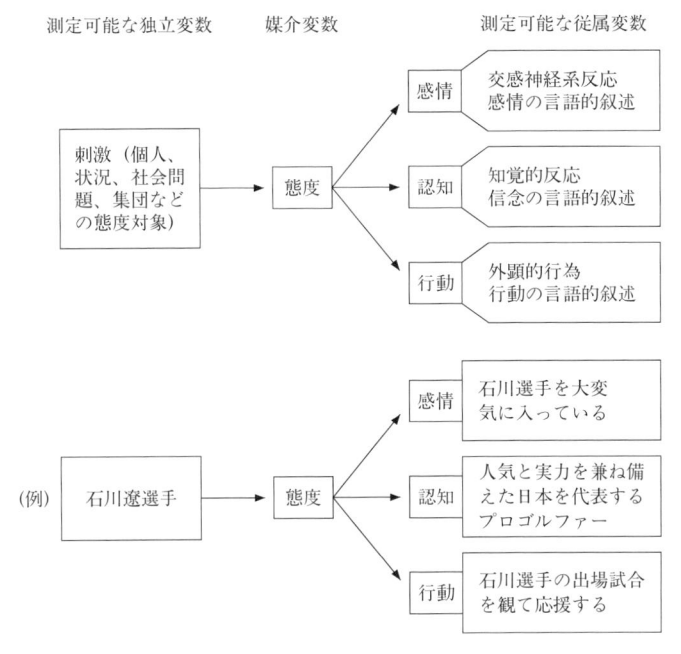

```
測定可能な独立変数    媒介変数          測定可能な従属変数

                                        感情 → 交感神経系反応
                                              感情の言語的叙述

刺激（個人、
状況、社会問      → 態度 →           認知 → 知覚的反応
題、集団など                                  信念の言語的叙述
の態度対象）
                                        行動 → 外顕的行為
                                              行動の言語的叙述


                                        感情 → 石川選手を大変
                                              気に入っている

(例)  石川遼選手    → 態度 →         認知 → 人気と実力を兼ね備
                                              えた日本を代表する
                                              プロゴルファー

                                        行動 → 石川選手の出場試合
                                              を観て応援する
```

図 8-3 態度の3成分（M. J. Rosenberg & C. I. Hovland, 1960）とその具体例

の 15 歳のときにアマチュア枠で出場した日本のプロゴルフトーナメントで史上最年少優勝を果たし、プロゴルファーとなった翌年以降も好成績をあげて賞金王に輝くなど、人気と実力を兼ね備えた日本を代表するトッププレイヤーであると思っている（認知的側面）。そして、石川選手のプレーする姿を大変気に入っており（感情的側面）、石川選手が出場するトーナメントが中継されているときは欠かさずにテレビ観戦し、できることなら試合が開催されているゴルフ場に行って応援したいと思っている（行動的側面）。いうまでもなく、T子さんの石川選手に対する思いは強く、簡単には揺るぎそうもない（図 8-3）。

このように、態度を構成する要素の間には互いを支え合うような関連性があり、それによって態度はある程度の一貫性を保っている。T子さんの石川選手に対する反応と同じように、私たちの他者に対する見方にはその人な

りの一貫性があり、それは安定し持続する傾向にある。

　では、なぜ私たちは「態度」を持つのだろうか。「態度」は、私たちの生活にどのように役立っているのだろうか。カッツ（D. Katz, 1960）は、「態度」の機能として以下の4つを挙げている。

　まず、態度を持つことによって、私たちは自分を取り巻く複雑な世界を整理し、まとまりのあるものとして理解することができる（知識機能）。また、態度に従って行動することで、報酬を最大にし、苦痛や罰を最小化することができる（功利的機能）。なぜならば、私たちは自分に快や報酬を与えてくれる対象には好意的な態度を、逆に、罰や苦痛をもたらす対象には忌避的な態度を形成するからである。さらに、人は、態度に従って自分が信じる考えや価値を表明することを通して、あいまいになった自己像（自己同一性：自分が何者であるのか）を確認すると共に、自尊心を高めることができる（自己表出機能）。そして、態度には、自我を脅かすような事態に直面した時に、自我を守る働きがある（自我防衛機能）。たとえば、上司のことが嫌いなのに、そのような考えを持っていることを認めると自我が脅かされてしまうために、逆に、好意的かつ従属的な態度を上司に示すことによって自我を防衛するのがいわゆる「反動形成」である。

　このように、態度は、さまざまな対象に対する私たちの多くの行動（"他人の見方"を含む社会的行動全般）を理解し、それらに対する将来の行動を予測するのに役立つものと考えられている。

2　他人の見方のゆがみと偏り──ステレオタイプ・偏見

　「Xさんは沖縄出身なのでノンビリした性格である」、「銀行員のHさんは几帳面だろう」、「Fさんは上がり目だからいじわるそうだ」などのように、私たちは相手の出身地、職業、容貌、性別、服装などを参考にして他人を把握しようと試みる。このように、あるカテゴリーに属する人々が共通して持つと考えられている特徴を、そのカテゴリーに所属する個人に当てはめて相手を理解することを、ステレオタイプ的認知またはカテゴリー化と呼ぶ。そ

第8章 自分と他人を知る（社会的認知）

して、「銀行員＝几帳面」とか「上がり目＝いじわる」などの固定化したイメージをステレオタイプという。

　ステレオタイプ的認知は、私たちが初対面またはあまり知らない他者を認識する際に欠かすことのできない重要な機能である。私たちは社会的な存在である以上、学校や職場で多くの人たちと出会い、関わっていかなくてはならない。そこでは交流を重ねながら慎重に相手を認知することが可能な場合もあれば、出会ってすぐに相手のことを把握しなければならないこともある。たとえば、学校における新年度のクラス替えや、職場における配置転換は、多くの未知なる人たちとの交流が同時に始まる典型的な状況である。そこで、1人1人のクラスメートや同僚のことをゆっくり観察・吟味していたのでは、目まぐるしく変動する社会環境にうまく適応していくことは困難である。

　また、ステレオタイプに基づく信念がすべての認知対象者に当てはまることは決してないが、それらは国や地域、学校、職場といった特定の社会集団を構成する多くの成員に共有されていることが多い。つまり、まるっきりデタラメなものともいえず、現実をある程度正確に反映している場合もあり、それが相手との交流を助けてくれることもしばしばある。したがって、迅速に、そして効率よく他人を知るという意味においてステレオタイプが果たす役割は非常に大きい。

　しかし、ステレオタイプ的認知はあくまでも限られた情報に基づく推論であり、認知対象者の個性を無視した紋切り型の掌握術である。中には事実に反するとんでもない内容のステレオタイプさえ存在する。これに過度に依存すると、相手を正確に認知することが妨げられてしまう。このように、ステレオタイプ的認知は利点と欠点が表裏一体をなす機能であるといえる。

　ステレオタイプの内容は、肯定的なものから否定的なものまでさまざまである。先に述べたように、それらは事実に即さずに相手を所属カテゴリーに結びつけて過度に一般化したイメージである。したがって、特定の個人の特徴を正確に反映しない場合もあるが、正しい情報が与えられると修正が可能であるといわれる。

これに対して、偏見は、特定の集団や個人に対する確固とした態度であり、どちらかといえば肯定的というより否定的であり、十分な知識や経験を持つ前に形作られたものである（木舩憲幸、1995）。たとえば、「上がり目でいじわるそうなのでFさんが嫌いだ」のように、偏見は、否定的なステレオタイプに憎悪、恐れ、軽蔑といった感情的要素が付加されたものであり、いったん形成されると容易には変容しない強固な否定的態度である。

岡隆・佐藤達哉・池上知子（1999）は、わが国の偏見とステレオタイプに関する社会心理学の研究成果をまとめているが、そこで取り上げられた具体的なステレオタイプ・偏見は、人種・民族、性、高齢者、地位・職業、学歴、外見、血液型、精神・身体疾患患者など多岐におよんでいる。このように、現代社会には多数の偏見が存在しており、その中には深刻な社会問題となっているものも少なくない。偏見が社会問題化する理由は、ステレオタイプや偏見が差別の原因となる場合があるからである。

差別は、ある対象に対する偏見が行動化したものである。たとえば、「上がり目でいじわるそうなのでFさんには近づかない」とか「血液型がBの人は変わり者なので会社で雇わない」などは差別の具体例である（図8-4）。

読者のみなさんも知っているとおり、このような差別の根拠となるステレオタイプや偏見の多くは、必ずしも客観的な事実に基づくものではない。他人と関わる際に、事実をよく確かめずに相手を蔑んでしまうようなことは、厳に慎みたいものである。

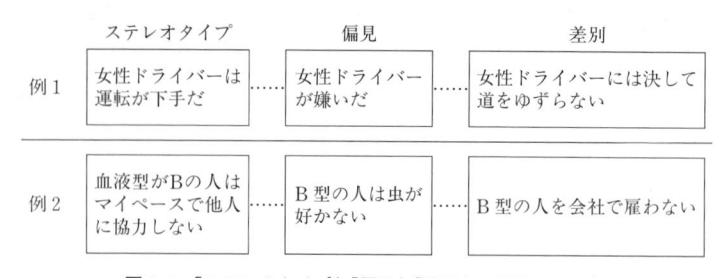

	ステレオタイプ	偏見	差別
例1	女性ドライバーは運転が下手だ	女性ドライバーが嫌いだ	女性ドライバーには決して道をゆずらない
例2	血液型がBの人はマイペースで他人に協力しない	B型の人は虫が好かない	B型の人を会社で雇わない

図8-4 「ステレオタイプ」「偏見」「差別」の関係とその例

第 8 章　自分と他人を知る（社会的認知）

4　人を好きになる——対人魅力

　私たちは人と知り合った後、どのようにして相手のことを好きになるのだろうか。逆に、どうして嫌いになってしまうのだろうか。対人魅力に関する研究が、これらの疑問について多くの知見を提供してくれる。

1　なぜ、人を好きになることが重要なのか

　私たちは、誰もが人を好きになる。心理学では、人を好きになったり嫌いになる心理を対人魅力と呼び、そのしくみを明らかにしようと試みている。一般に、対人魅力とは、他者に対する好意的または非好意的な態度のことをいう。また、下斗米淳（2003）は対人魅力を「私たちが、たとえば友情や尊敬、あるいは嫌悪やねたみなどの感情を伴って他者に抱く評価」と定義している。

　対人魅力は、人と人との関わり合いを考えるうえでとても重要である。なぜならば、好きになった相手とはいつも一緒に過ごし、協力し合い、喜びや悲しみを分かち合いたいと思ったり、実際にそのようになる一方で、嫌いになった相手には近づかず、関わり合いたいとも思わないからである。すなわち、対人魅力は対人関係の成否を分かつ最も基本的な要素である。

2　人を好きになるわけ理由——対人魅力を規定する要因

　私たちが人を好きになる理由は何だろうか。他者に魅力を感じる要素は、人によって異なるのだろうか。あるいは、多くの人に当てはまる法則性があるのだろうか。

　社会心理学者は多くの研究を通して、私たちに共通してみられる対人魅力を規定する要因を明らかにしている。つまり、人を好きになる理由には法則性が存在するようである。ここでは、その主なものを紹介しよう。

　①近　接　性

　私たちは、物理的に近接している相手に魅力を感じやすい。近接性が対人

魅力を促す主な理由は、近接した相手ほど相互作用する機会が多くなることである。これは、特定の物事や人物に繰り返し接触すると、その対象に対する好意度が増すというザイアンス（R. B. Zajonc, 1968）の「単純接触効果」に基づいている。実際、私たちが友人や恋人を作るきっかけは相手との距離の近さであることが多いだろう。

②身体的魅力

私たちは、身体的魅力の高い相手に好意を持ちやすい。ウォルスターら（E. Walster, V. Aronson, D. Abrahams & L. Rottman, 1966）は、大学で催されたダンスパーティーに参加した男女大学生を対象に実験を行ない、あらかじめランダムに組み合わされた男女カップルの双方にパートナーに対する好意度を尋ねた。その結果、男女とも自分の身体的魅力の高低に関わらず、パートナーの容貌や外見の魅力が高いほどそのパートナーに好意を抱きやすくなることを見出した（図8-5）。

③類　似　性

"類は友を呼ぶ"といわれるように、私たちは、態度や考え方が自分と類似した相手に対して魅力を感じる傾向がある。バーン（D. Byrne）は多くの研究でこの類似性魅力仮説を実証した。確かに、私たちは、態度や価値観が類似していれば、その相手の考えや行動を理解したり予測することができる

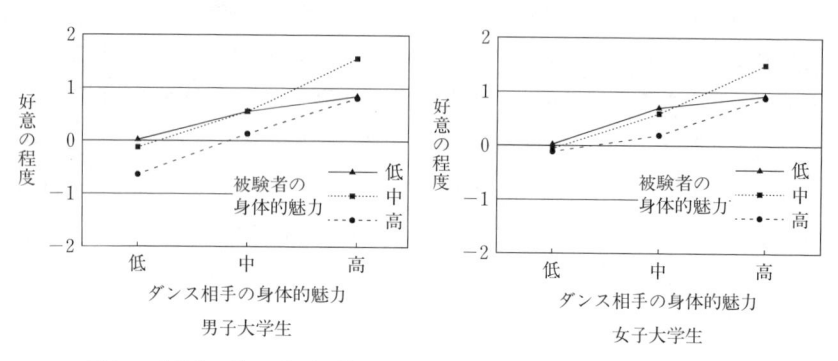

図8-5　大学生のダンス相手に対する好意度（E. Walster, et al., 1966 より作成）

し、自分が望んでいることも相手にわかってもらいやすくなる。このような両者の間では、報酬的な相互作用が展開される可能性が高くなるので、類似した他者への魅力が高くなると考えられる。

④相補性

私たちは、自分に足りない点を持った相手に魅力を感じることがある。ただし、支配的な人が依存的な人をパートナーとして選択するという例のように、相補性が対人魅力を高めるのは、態度や価値観ではなく、役割などの側面に限られるようである。

⑤好意の返報性

私たちは、自分に好意を向けてくれる相手に対して自分も好意を寄せる傾向がある。これを好意の返報性と呼ぶ。また、アロンソンとリンダー（N. H. Aronson & D. Linder, 1965）は、常によい評価を与え続けてくれる相手よりも、最初は否定的に評価しているが、次第に好意的に評価してくれるようになった相手のほうがより好まれる傾向があることを見出した。これを好意の獲得－損失効果という。

これらの対人魅力を規定する各要因は、相手と出会ってから関係が進展していく過程の中で重要度が次第に変化すると考えられている。出会いの時期には、近接性や身体的魅力が重要であるが、関係が進むにつれて、類似性や好意の返報性が影響力を持つようになり、さらに関係を深化させるためには、互いの役割の相補性が大きく影響するようになる。

5 自分を知る——自己

私とは何だろうか。読者のみなさんもそのような疑問にさいなまれたことがあるだろう。私たちは誰もが自分を意識し、自分を理解しようと試みる。心理学では、"自己"という概念を用いて、このような心理的メカニズムの解明に努めてきた。

1　自分とは──心理学でいう自己とその形成因

　自己とは、認識の対象となった自分自身のことである。自分自身についての統一的なイメージといってもよいだろう。私たちは、まるで他人をみるかのように自己を認知することができる。

　自己は、自己概念と自尊感情という2つの大きな要素で構成されている。自己概念とは、自分自身に関する構造化された知識である。あなたが、就職活動で会社を訪問する際に人事担当者の面前で自己紹介する場面を想像してみよう。そこでは、「私は英会話が得意で、協調性があり…」というように、自分の性格や能力における長所を積極的にアピールするだろう。自己概念が確立されていなければ、このような場面で相手に自分をうまく示すことはできない。

　自尊感情とは、自己概念に含まれる評価的側面である。自己概念に対する「好き－嫌い」の感情を意味し、自尊心とも呼ばれる。たとえば、自分は"依頼心が強い"と考えているQさんが、そのことを肯定的に考えていない場合、自尊感情は低い。一方、自分が"几帳面である"ことを誇らしく思っているDさんの自尊感情は高いといえる。

　ところで、自己はどのようにして形成されるのだろうか。鏡に映った自分を見るのと同様に、私たちは他者の自分に対する反応などから、相手の目に自分がどのように映り、どのように評価されるのかを推測する（鏡映的自己）。これらが自己概念や自尊感情のもととなる。また、人は自分の能力の高さや意見の正しさを身近な他者との比較によって確かめようとする傾向がある（社会的比較）。友だちに比べて数学の成績がよくないHさんは、"数学的能力に劣る"という自己概念を形成するかもしれない。さらに、人は、社会生活で担う役割（大学生、カウンセラー、警察官など）に伴う期待に沿うように行動するようになり、それが次第に自己概念として取り込まれていくという（役割行動）。

2 "自分を知ること"と"他者との関わり"——自己と社会的行動

自己概念や自尊感情は、社会的行動と密接に関連している。ここでは、その典型的な例を紹介しよう。まず、人は自己概念を明確にすることを目的にして自己や他者を認知し、行動することがある（①）。また、人には、自尊感情を維持したり高めたいという傾向があり、これは、自分自身およびまわりの世界の受け止め方や理解の仕方、そして、他者との関わり方に大きな影響を及ぼす（②〜④）。

①社会的比較

これは、自己の形成要因の1つでもあるが、私たちは自己概念が不明確な時、他者との比較を通じてそれを明らかにしようとする。結果的に、それが身近な他者への親和性を高めることがある。たとえば、心理学の授業中に性格テストや能力テストが実施された場面を想像してみよう。テストへの回答後、担当教員の説明に従って一斉に自己採点が行なわれ、自分の点数が判明する。そこであなたは、一緒に受講している周囲の友達に話しかけ、彼らに点数を尋ねて自分の点数との比較を行ない、自らの性格や能力のレベルを確かめようとすることがあるだろう。この場合、比較の対象として選ばれるのは、自分と似たような状況に置かれている他者や自分と能力や意見が類似した他者であることが多い。

②利己的帰属

人は、自分の行為が成功した場合、その原因を能力とか努力といった自己の内部の要因に求める（内的帰属）傾向がある一方で、行為の失敗の原因を運の悪さや課題の難しさなどの外部の要因に求める（外的帰属）傾向もある。これを利己的帰属という。このような理由づけが行なわれるのは、成功や失敗の原因を自分に都合よく解釈することによって、自尊感情を維持したり高めることができるからである。

③セルフ・ハンディキャッピング

成功できるかどうか自信が持てない場合に、あらかじめ、自分に不利な条件があることを主張したり、実際に不利な条件を作ってしまう行為をセル

フ・ハンディキャッピングと呼ぶ。試験を前にして、誰かに尋ねられたわけでもないのに「昨日、具合が悪くてあまり勉強してないんだ」などとつぶやくのは、この典型例である。このような主張を行なう理由は、実際に失敗した時には、ハンディキャップがある種の弁解材料となって自尊感情が傷つくのを防げるし、成功した場合は、ハンディがあるにも関わらず成功したことで自尊感情を高めることができるからである。

④栄　光　浴

　人は、スポーツ団体や有名タレントなど高い価値を持った他者や集団と自分との間に何らかのつながりがあることを第三者に積極的に示そうとする傾向がある。これを栄光浴と呼ぶ。「私は、福山雅治と誕生日が同じだ」などは、まさにこの例である。栄光ある他者や集団との結びつきを主張することによって、第三者からよい印象でみられれば、それが自尊感情を高めることにつながるのである。

　たしかに、私たちは友人から「ダルビッシュ選手と出身高校が同じだよ」などと言われると、たとえ、ダルビッシュ選手とその友人との間に個人的な関わりが一切なかったとしても、不思議と羨ましさを感じるものである。

　本章では、「自己とその形成因」および「自己と社会的行動」に関する基本的な知見を紹介したが、この他にも、自己に関する多くの社会心理学的研究が行なわれている。たとえば、私たちは、ショーウィンドウに映る自分の姿を見たことをきっかけに自分を意識し、容姿や振る舞いを改めることがあるだろう。逆に、"我を忘れて"スポーツや勉強に没頭することで大きな成果を生み出すことがあるかも知れない。このような"自分を意識する（意識しない）"ことに伴う心理や行動のしくみを解明するのが「自己意識」に関する研究である。また、自己紹介をする際に他人に自分をよく見せようと思って言動を装ったり、友人に自分の悩みを理解してもらうためにありのままの自分をさらけ出すこともあるだろう。前者を「自己呈示」、後者を「自己開示」と呼び、多くの社会心理学者が研究に取り組んでいる。

第 8 章　自分と他人を知る（社会的認知）

　自己に関するこれらの研究知見についてさらに理解を深めたい人は、章末に掲載した推薦図書などを参考にされたい。

推薦図書

安藤清志・大坊郁夫・池田謙一（1995）『現代心理学入門 4　社会心理学』岩波書店
原田純治編（1999）『社会心理学　対人行動の理解』ブレーン出版
今城周造編（1993）『社会心理学日常生活の疑問から学ぶ』北大路書房
小林　裕・飛田　操編（2000）『「教科書」社会心理学』北大路書房
中里至正・松井　洋・中村　真編（2003）『社会心理学の基礎と展開』八千代出版
山岸俊男編（2001）『社会心理学キーワード』有斐閣

第 9 章

人と関わる（集団）

1　人と関わるとは

　人が他の人と関わって生きていくことは避けがたいことである。人と人とが関わりを持つと、何らかの形でお互いに影響し合うことになる。たとえば、あまり意識していないかもしれないが、あるいは否定しようとさえするかもしれないが、私たちの持つさまざまなものに対する考え方や行動は、自分の意見だと思っていても、冷静に考えてみると自分のまわりの人々の意見を多分に反映している。

　他者と関わりを持ち、影響し合い、他者を知り、その関わりが進むと人は集団（group）を形成することとなる。現在の自分に目を向けてみれば、本書の主要な読者である大学生のみなさんは、ゼミ集団やクラブ集団に所属しているかもしれないし、これまでも学級集団や仲良し集団あるいは家族という集団に所属してきた。そして、仲間である所属集団の他のメンバーからの影響力は、特に強いものとなる。以前、ある学生がこんな話をしていた。自分がもし主婦になっても自転車の前と後ろに補助椅子を付けて、子どもを乗せるようなことはしないと。見た目を重視する若い人からするとそのようなことは格好が悪いということだろうか。ところが、その後、ご近所さんとのことで少し話をするようになったその学生と不意に再会した。そこには3歳ぐらいの子どもを自転車の補助椅子に乗せた彼女がいた。そこで昔補助椅子の

話をしたねと言ったら、かすかに覚えているようであったが、みんなそうしているので恥ずかしいことなんかまったくないとのことであった。これは、いつの間にかお母さん仲間という集団の考えに感化されたといえる例であろう。

感化されたと書いたが、本当は、彼女の意思ではなかったかもしれない。つまり、子どもとどのように移動するかは、彼女の判断だけで許されるものではないだろう。幼稚園のお母さん仲間の多くが、子どもを自転車で迎えに行っていたなら、自分だけが自動車で迎えに行くことには抵抗を感じるかもしれない。

このように、影響過程はさまざまなものが考えられるが、何らかの形で、他者や集団が私たちのこころや行動を規定していることは疑いようがないであろう。したがって、人間の行動について、なぜ、あの人があのような行動をとったのかということをつっこんで考えるには、他者からの影響過程や集団についての知見をみていく必要がある。そこで、この章では、社会心理学とりわけ集団心理学の知見を中心に、人が個人や集団からどのような影響を受けるのかをみていく。

2 集団

1 集団とは

漠然ととらえていた集団を、ここでもう少しきっちりと定義しよう。廣田君美（1963）によれば、集団とは、以下に示すような特徴を多かれ少なかれ満たしているものとなるが、前提として当然のことながら2人以上の人の集まりが必要である。

①対面的熟知性　お互いが、少なくとも個人の名前や行動の特徴で区別することが可能である。

②一体感の知覚　自分たちが集団を構成しているとの一体感が知覚できる、

ないしは自分たち相互を同一視することができる。
　③目標の共有　共通の目標を持っているとの実感がある。
　④相互活動　個人間の相互でコミュニケーションが存在し、影響し合い、また、欲求や行動の相互依存性がみられる。
　⑤地位と役割の分化　他者に対する期待が安定化し様式化している。
　⑥規範の共有　個人の示す行動に許容範囲や基準が設定されている。
　これらをみていくと、デパートで買い物をするために集まった人々を集団とはいわないことが理解できるであろう。なぜならデパートで買い物をする人々の間には、上記のような心理的結びつきを安定的に認めることができないからである。

2　集団凝集性

　集団凝集性（group cohesiveness）は、集団のメンバーをその集団にとどまるように作用する心理学的な力の総量と概念的に定義される。研究上の操作としては集団凝集性は集団メンバーそれぞれの集団への魅力の総和として表わされるが、この集団への魅力を形成する1つである集団の他のメンバーが、どれだけ魅力的であるかを集団凝集性の強さとして測定することが多い。また集団の目標がメンバーにとってどれほど魅力的か、その集団が社会的にみてどれだけ魅力的な集団であるかも集団への魅力を構成する要素となる。
　一般的に、集団凝集性の高い集団は、目標達成能力に優れていることが知られているので、集団として凝集性の高さは個々の利益との関連も高いといえる。高い凝集性を規定する要因としては、①集団の目標を達成することがメンバーの満足につながること、②集団の目標達成の方法が明確であること、③メンバー間に協同的な関係性があること、④メンバー間で自由な相互作用が可能であること、⑤メンバーのある対象に対する態度が類似していること、などが知られている。

3　集団規範

集団内では、上記の集団の定義にあるように、メンバー間で共有される態度や行動の基準が発生する。これを集団規範 (group norm) という。集団規範は校則や就業規則のように成文化されたものもあるが、暗黙のうちに集団のメンバー間で共有されていくものが多い。たとえば、職場集団のメンバーの間に共有される「少なくとも1日にこれくらいの仕事量はこなさないと…」といったものがこれにあたる。

集団のメンバーが集団規範から逸脱すると、他のメンバーは逸脱者に対して非難を浴びせ集団圧力をかける。この圧力に屈しなければ集団メンバーとしての地位を失うことになるかもしれないので、逸脱者は普通この圧力に屈することになる。この逸脱者への集団圧力は、集団凝集性が高いほど強いものとなる。

集団規範は、メンバーの勝手な行動を抑制し、集団メンバーの協調的行動へと導くので、集団の生産性に少なからず寄与する。ただし、あまり仕事をしないでおこうという集団規範が形成されてしまうと生産性を下げることにもつながる。また、集団規範は集団の生産性以外にもさまざまに人の心や行動に影響する。たとえば、大西彩子と吉田俊和 (2010) は、人の嫌がることをする人がいたらクラスの多くの人が嫌悪感を抱くであろうといったいじめを否定する集団規範を個人が意識することは、いじめ加害傾向の抑制に関係することを見出している。さらに、集団規範は、集団メンバーの態度や行動に妥当性を与える、つまり行動が間違っていないという感覚を与えることにもなり、精神的な安定にも寄与するとされている。

4　集団間の関係

タジフェルとターナー (H. Tajfel & J. C. Turner, 1979) の社会的アイデンティティ理論 (social identity theory) によれば、人は自己評価を高めるように動機づけられているが、自己が属している内集団とそうでない外集団の区別を明確にし、内集団を外集団よりも高く評価することによってこの動機を満

たすことができるとしている。このような過程が内集団びいきやひいては集団間の葛藤を引き起こすと考えられている。

　また、タジフェルらによれば、自己と内集団のメンバーは類似していると認知されるが、外集団のメンバーとは差異性が強調されて知覚される。筆者がある短大で、心理学の調査実習を行なう授業のアシスタントをしていた時、学生がこんな話を持ち込んできた。性的なことへの考え方が1つ下の学年は自分たちの学年とまったく違い、ものすごく進んでいるというのである。確かに、社会背景の変動によって人間心理と人間行動には多少の変化があるだろう。しかしそれにしても、たった1学年の違いでそんなに考え方が劇的に変わっているとは思えなかった筆者であった。筆者が考えるに、これこそ、他集団に対する差異性の強調である。

　ところで、誰が内集団のメンバーかどうかは変動しうる。そして、内集団のメンバーでなくなった者が集団間葛藤の矛先となってしまうこともある。国家間で問題が生じた結果、相手国の商品や文化などに対しても排斥行動が行われることが残念なことに見受けられる。それでも商品や文化に罪はないとして供給や消費を続ける人がいると、このような人に対して攻撃的な行動が行われることがある。このような行動は、その相手国の商品や文化を供給・消費し続ける人々を集団規範からの逸脱者として、一時的にではあろうが内集団のメンバーから排除したことによるといえよう。

3　リーダーシップ

　集団において他者に対して最も影響力を持つ人をリーダー (leader) という。集団においては何らかの目標が共有されているが、この目標達成のために、リーダーは他の集団のメンバーに対して何らかの働きかけを行なう。この働きかけのプロセス全体をリーダーシップ (leadership) という。特に職場集団においてはその影響力はフォーマルに認められた強力なものであり、集団の業績や存続にとってリーダーシップの問題の重要性は高い。

当初、リーダーシップ研究は、優秀なリーダーは、リーダーではない人にはない人格特徴を持っているとの視点に立った研究が中心的であった。これをリーダーシップ特性論というが、これらの研究には、偉人と呼ばれる歴史上の人物がいかなる特性を持ち合わせていたかの研究も含まれている。このような視点に立ったリーダーシップ研究は数多く行なわれたものの、必ずしも一貫した研究結果が得られたとはいい難かった。

　そこでリーダーシップ研究は、リーダーの行動スタイルに焦点を当てたものに移り変わっていくこととなった。ここでは、リーダーの3つの行動スタイルについての研究と、リーダーシップ機能論と呼ばれる一連の研究について、さらにリーダーシップ状況論について紹介する。

1　リーダーの3つの行動スタイル

　レヴィンら（K. Lewin et al., 1939）はリーダーの行動スタイルには3種類あるとした。それらは、民主的リーダーシップ、専制的リーダーシップ、自由放任的リーダーシップである。民主的リーダーシップとは、集団のメンバーからの意見を積極的に聴取しそれを集団活動に取り入れていくという行動スタイルをとる場合をいう。それに対して専制的リーダーシップは、集団活動の指針はすべてリーダーが独断的に決め、その内容を権威的に命令していくという特徴を持つ。そして自由放任的リーダーシップとは、リーダーが積極的にさまざまな集団活動について意志決定を行なうことはなく、集団メンバーの側から指示を求められた場合のみリーダーとして情報をメンバーに提供するという行動スタイルをとる。

　大学生をリーダーとし小学生に工作作業を行なわせたレヴィンらの実験では、量的な側面と質的な側面を共に考慮するならば民主的リーダーシップのもとでの作業が最も優れていたし、集団として最もまとまりを示していた。最も作業量が少なかったのは、自由放任的リーダーシップのもとで作業を行なった場合であった。専制的リーダーシップのもとでは、作業量としては優れていたが集団の雰囲気はいいものではなかった。

第 9 章　人と関わる（集団）

　この結果は、小学生を対象とした研究では、集団意思決定に参加できる民主的リーダーシップの優位性を示しているが、もちろん大人の世界でもこの知見は有効であろう。社会あるいは会社の歯車にはなりたくないという表現があるが、専制的なリーダーのもとではこのような思いを育んでしまう可能性が高い。

2　リーダーシップ機能論

　オハイオ州立大学の研究者たちは、リーダーシップに必要な機能とはいかなるものであるかについて検討するために、リーダーシップがいかなる行動からなるかを因子分析という統計手法を用いて検討した。その結果、主要な2つの因子として、配慮（consideration）の因子と体制づくり（initiation structure）の因子を見出した。また、ミシガン大学の研究者たちもリーダーシップとして従業員指向（employee oriented）と生産性指向（production oriented）という2つのリーダーシップ行動を提起している。

　日本におけるリーダーシップ研究で最も実証的研究がなされているのは三隅二不二（1978）のPM理論であろう。この理論では、リーダーシップの機

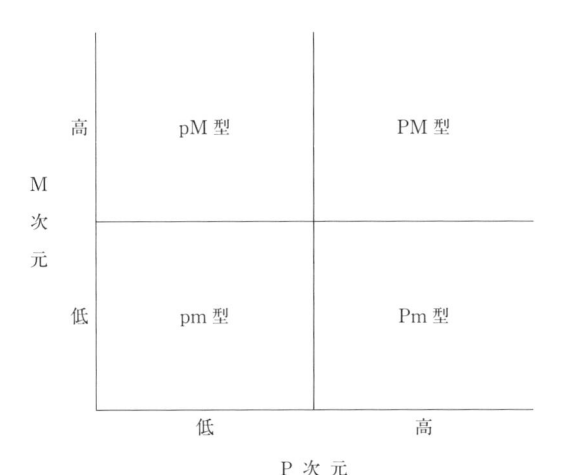

	低	高
M次元 高	pM型	PM型
M次元 低	pm型	Pm型

P 次元

図 9-1　PM 理論の 4 類型（三隅、1964）

表 9-1 PM 評定尺度（三隅ら、1974）

P 行動測定項目	M 行動測定項目
規則をやかましくいう	仕事のことで上役と気楽に話せる
指示命令を与える	部下を支持してくれる
仕事量をやかましくいう	個人的な問題に気を配る
所定の時間までに完了するように要求する	部下を信頼している
最大限に働かせる	すぐれた仕事をしたとき認めてくれる
仕事ぶりのまずさを責める	職場の問題で部下の意見を求める
仕事の進み具合についての報告を求める	昇進、昇級など将来に気を配る
目標達成の計画を綿密に立てている	部下を公平にとり扱ってくれる

能として、集団目標の達成のために計画を立てたりメンバーに対して命令するといった課題達成機能（performance function）と、集団内の友好的な人間関係を形成するといった集団維持機能（maintenance function）を挙げている。そしてそれらの機能を強く果たしている場合を P、M と大文字で表わし、あまり果たしていない場合を p、m と小文字で表わすと、リーダーシップ行動は、PM 型、Pm 型、pM 型、pm 型の 4 類型が可能となる（図 9-1）。数多くの研究から、2 つの機能を共によく果たしているリーダーシップである PM 型のリーダーシップが生産性を最も高め、pm 型のリーダーシップが最も生産性を下げることが検証されている。

　三隅の PM 理論は先に挙げた 2 つのアメリカでのリーダーシップ研究の流れや、カートライトとザンダー（D. Cartwright & A. F. Zander, 1960）の集団の機能としての目標達成機能と集団維持機能を踏襲するものといえるが、その特徴は、2 つの機能が果たされているかはフォロアー、つまりリーダーからみて部下にあたる人々が、リーダーの行動をどう評価するかを強調している点にある。表 9-1 には、P 機能と M 機能を果たすための行動測定項目を示した。

3　リーダーシップの状況即応性

　リーダーシップ研究のその後の流れとしては、集団にとって必要なリーダーシップは、その集団の状況によって異なるとの考えに立つ立場であり、そ

第 9 章　人と関わる（集団）

表 9-2　LPC（Least Preferred Coworker）尺度（白樫三四郎、1992）

```
これまで一緒に仕事をしてきたすべての人々のことを思い出してみてくだ
さい。そのなかから、一緒に仕事をすることが最も難しいと思う相手を1人
思い出してください。次の尺度の適当な欄に○印を記入することによって、
この人物を評定してください。

         楽しい     8  7  6  5  4  3  2  1   楽しくない
         友好的     8  7  6  5  4  3  2  1   非友好的
         拒否的     1  2  3  4  5  6  7  8   受容的
         緊張       1  2  3  4  5  6  7  8   リラックス
         疎遠       1  2  3  4  5  6  7  8   親密
         冷たい     1  2  3  4  5  6  7  8   暖かい
         支持的     8  7  6  5  4  3  2  1   敵対的
         退屈       1  2  3  4  5  6  7  8   面白い
         口論好き   1  2  3  4  5  6  7  8   協調的
         陰気       1  2  3  4  5  6  7  8   陽気
         開放的     8  7  6  5  4  3  2  1   閉鎖的
         裏表がある 1  2  3  4  5  6  7  8   忠実な
         信頼できない 1 2 3  4  5  6  7  8   信頼できる
         思いやりがある 8 7 6 5  4  3  2  1  思いやりがない
         きたない（卑劣）1 2 3 4 5 6 7 8     きれい（立派）
         感じがよい 8  7  6  5  4  3  2  1   感じがわるい
         誠実でない 1  2  3  4  5  6  7  8   誠実な
         親切な     8  7  6  5  4  3  2  1   不親切な
```

注）教示文は省略化して記述。

の代表格の研究はフィードラー（F. E. Fiedler, 1967）によるものである。

　フィードラーの状況即応理論では、リーダーの行動として課題指向的か人間関係指向的か、集団の状況としてリーダーにとって有利な状況か不利な状況かが重要な問題である。そして、フィードラーはどのような集団状況でどちらのリーダーの行動が生産性を高めるかを示している。

　まず、リーダーの行動は、LPC（Least Preferred Coworker）尺度の得点で表わすことができる。これを測定する項目を表 9-2 に示した。この尺度では、得点が高いリーダーは人間関係指向が強いことを意味し、得点が低いことは課題指向的であるとされた。集団の状況がリーダーにとって有利か不利かを決定する要因として、重要な順に㋐リーダーとメンバーとの関係（良好か悪いか）、㋑集団課題の構造化の程度はどうか（仕事の手続きが明確かあいまいか）、㋒リーダーの地位勢力（リーダーが強い権力を持っているか持っていないか）が挙げられている。これら3つを組み合わせて、最もリーダーにとって有利な状

況から順番に提示すると、①関係が良好・集団課題が構造的・リーダーの地位勢力が強い、以下省略して記述すると、②良好・構造的・弱い、③良好・非構造的・強い、④良好・非構造的・弱い、⑤非良好・構造的・強い、⑥非良好・構造的・弱い、⑦非良好・非構造的・強い、⑧非良好・非構造的・弱い、となる。そして、①、②、③のリーダーにとって有利な集団状況や⑧の非常に不利な集団状況では課題指向的なリーダー（LPC尺度で低得点）のもとで生産性が高まること、④、⑤の有利とも不利ともいえない状況では、人間関係指向的なリーダー（LPC尺度で高得点）のもとで生産性が高まることが検証されている。

4 人からの影響

1 同　調

　ここでは多数派への同調（conformity）と少数派への同調についての興味深い実験をみてみよう。多数派への同調についての研究としては、アッシュ（S. E. Asch, 1951）の線分知覚の同調実験が有名である。この実験では、知覚

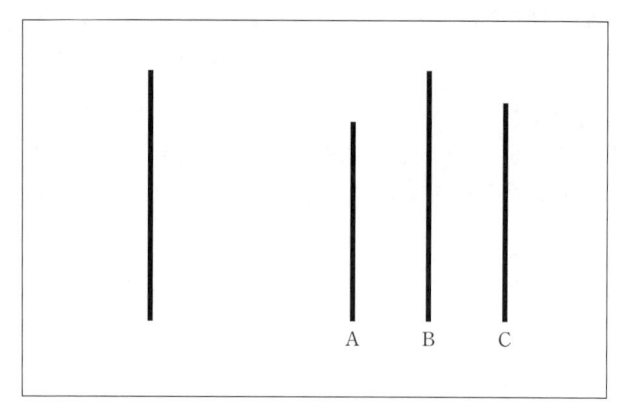

図9-2　アッシュの実験で使われたものと同様の線分

の実験を行なうとして集められた被験者のうち8人ずつ実験室に入ってもらうが、このうち7人は実験の内容を知っているサクラで残りの1人だけが何も知らない本当の被験者であった。8人の被験者たちは図9-2の左端にあるような1本の線分を見せられ、これがA、B、Cのいずれと長さが等しいかを選択させられた。この時8人の被験者たちは順番に自分が正しいと思う答えを表明したが、本当の被験者は7番目に答えるようになっていた。被験者たちはこのような選択課題を18試行こなしたが、そのうち12試行でサクラの被験者たちはそろってわざと誤った答えを表明した。

アッシュはこのような実験を50回繰り返した。つまり、上記の実験を50人の何も知らされない本当の被験者に対して行なったのである。さて、このような実験の中で、本当の被験者たちは、サクラたちの誤った解答にどの程度同調したであろうか。なお、線分知覚の課題は、サクラがわざと誤った解答をしなければ、ほとんど間違えることがない容易なものであった。

各被験者の結果としては、12回中、一度も同調しない人もいたし11回も同調した人もいたが、実験全体の試行数（わざと間違った回答をサクラが行なうものに限る）、つまり12回×50人＝600回のうち3分の1弱の試行で本当の被験者はサクラの誤った解答に同調した。

このように、集団内で特定の態度や行動をとる多数派が、異なった態度や行動をとる少数派に対して影響を及ぼし同調という過程が生じることを想像することは容易である。しかしながら、常に少数派が多数派の意見に同調するだけなら、特定の集団やもっと大きい、たとえば日本社会といったものの性質が変化し変革が起こることは難しいであろう。

私たちの社会は刻々と変化を続けてきたが、これはそれまでは少数派の意見であったものが、いつしか多数の人に受け入れられることによって生じてきた部分があるだろう。これに関連して、モスコビッチら（S. Moscovici, et al., 1969）の研究では、通常は青色に見えるスライド6枚をそれぞれ15秒間6人の被験者に提示し、それが何色に見えるかを回答させた。このうち2人だけがサクラであり、残りの4人が真の実験目的を知らされていない本当の

被験者であった。実験はこの手続きを6試行にわたって繰り返し、2人のサクラは一貫してスライドが緑と答えた。その結果、本当の被験者の回答のうちの8.42％で緑であるという回答を得たのである。

モスコビッチによれば、少数派が影響力を持つには、自分たちの考えを一貫して主張することが大切である。すると少数派の意見が目立ったものとなるし、多数派とは別の意見を持つ者を目の当たりにすることは、多数派へ同調していた人たちにとってはその圧力の低下をもたらすことになる。また、多数派の中でもその主張の細部は微妙に異なるため、話し合いを続けていくことによって心理的緊張のため心理的団結が揺らぐことも考えられる。さらに、一貫して自分たちの考えとは異なる主張がなされるため、自信が揺らぎ、もう一度考えを再検討することにもなる。

少数派の影響過程についてよく引き合いに出されるのは、1954年に公開されたアメリカ映画『12人の怒れる男』である。この映画は、1990年代にもリバイバル作品として作成されているが、日本でも、三谷幸喜氏が、『12人の優しい日本人』というタイトルで映画の脚本を書いており、彼特有のひねりをきかせたストーリーとなって甦っている。

2 服　　従

ミルグラム（S. Milgram, 1974）は権威への服従の実験を行なった。この実験はアイヒマン実験といわれるが、アイヒマンとはナチスドイツの高官であり、ユダヤ人の虐殺に深く関わったが、後にイスラエルで行なわれた裁判でその責任を自分のものとはせずに、自分は命令に従っただけであることをことさら主張したという人物である。

ミルグラムの実験は以下のようなものである。被験者は教師役と生徒役に分けられた。しかしながら、1つ1つの実験で生徒役とされたのは、実験者が用意した1人の役者であった。何も知らない本当の被験者は誰もが教師役として参加することとなった。教師役の被験者は用意されている記憶問題を生徒役に提示するが、生徒が間違った場合、スイッチを押すことによって電

第9章 人と関わる（集団）

気ショックを与えることを実験者によって指示されている。この電気ショックは15ボルトから始まり間違えるたびに15ボルトずつ上げられていき、最高は450ボルトであった。生徒役の役者は、135ボルトから苦しいうめき声を発し順次電気ショックが上げられていくたびに、より強烈な苦悶を伴った反応を決まり通りにした。たとえば、150ボルト以後ではもう実験をやめるように訴え、315ボルトではすさまじい悲鳴をあげた。

この実験では、教師役と生徒役の位置関係に関して4つの条件があり、それぞれの条件に40人ずつの被験者が参加した。1つ目は、教師と生徒が別の部屋にいて先に記した苦しむ声は聞こえなかった（300ボルトの時だけ、生徒が壁をたたく音がする）。2つ目は、教師と生徒は別の部屋にいるが声は聞こえてきた。3つ目の条件では、教師と生徒は1メートル弱の距離にあり、生徒役を務める役者が本当の被験者の前の椅子に拘束されていた。4つ目の条件でも同じく教師と生徒は1メートル弱の距離にあったが椅子に拘束されることはなく、生徒が嫌がった場合には教師が生徒に電気ショックを与えるために無理に生徒の手をとる必要があった。実験途中で、教師役の被験者が、電気ショックを送ることに対してためらいの言葉を口にした場合、実験者は「お続け下さい」、「実験のために、あなたが続けることが必要です」など4度まで実験の継続を指示し、これが受け入れられない時点で実験は終了となった。

さて、本当の被験者である教師役は、最大電圧の450ボルトまで電気ショックを与えたであろうか。結果は、それぞれの実験状況に参加した40人のうち、1つ目の条件では26人が、2つ目の条件では25人が、そして3つ目の条件でも16人が最大電圧まで上げていき実験を最後までまっとうした。さらにショッキングなのは、嫌がる生徒の手を摑んで電気ショックを与える必要がある4つ目の条件でも、12人の教師役が最大電圧まで進んだことであろう。

3 社会的勢力

人が別の人に対して何らかの要求を行ない、それが認められた場合、その人は別の人に対して勢力を発揮したことになる。社会的勢力（social power）とはこのような表現によって表わすことができるものであるが、これには、6つあるとされている。それは、報酬（賞）勢力、強制（罰）勢力、準拠（魅力）勢力、専門勢力、正当勢力である。

①報酬（賞）勢力とは、勢力を発揮しようとしている人が、自分に対して報酬を与える資源を持っているとの認識のもとに成立する勢力である。

②強制（罰）勢力とは、報酬をもたらすかは別として、罰を与えられるかもしれないとの考えに基づいて成立する勢力である。

③準拠（魅力）勢力は勢力を発揮しようとしている人に対して心理的に親しみを持ち、この人のためなら何とかしてあげたいとの思いに基づいている勢力といえる。

④専門勢力は、この人は当該の分野について専門的な知識を持っているので、この人のいう通りにしていれば大丈夫との認識に基づいた勢力である。

⑤正当勢力は、勢力を発揮しようとしている人が勢力を発揮する正当性を保持しているとの認識に基づいた勢力である。

実社会においてこれら勢力の行使は常に行なわれていることであるが、これを行使される人の側からすれば、自己の自由意思が束縛されるとの見方もできるので、いかなる勢力が発揮されることが心理的な負担を生じさせないかという視点も必要となってくる。これに関連して、報酬勢力や強制勢力よりも、準拠勢力、専門勢力、正当勢力が発揮された時のほうがこれに従った人の満足度は高いということがこれまでに検証されている。

4 社会的促進

近くに他者がいる状況で何らかの課題を行なう時、他者がいない時よりもその課題の遂行能力がアップする場合、この現象を社会的促進（social facilitation）という。それに対して、そのような状況で課題の遂行能力がダウン

した場合は社会的抑制（social inhibition）といわれる。

　これら2つの現象を分けるのは、課題の容易さあるいは遂行する人の課題への習熟度である。つまり、容易（単純）な課題あるいは慣れた課題の場合には社会的促進が起こり、難解（複雑）なあるいは慣れない課題の場合には社会的抑制が起こる。たとえば、ジグソーパズルを課題として用いたとすると、数十ピースのパズルでは1人でこれを行なうよりも他者が近くにいるほうが早くこれを完成させることができるが、これが何百ピースのものになると逆に他者が近くにいるほうが完成に時間を要することになる。

　それでは、なぜ課題によってこれら2つの現象が発生するのであろうか。この疑問は心理学上の論争の中でも大きな論争の1つである。ここでは、末永俊郎ら（1981）と押見輝男（1984）がまとめたものを中心にその疑問についてひもといていく。まず、最も有力な説とされているのはザイアンス（R. B. Zajonc, 1965）の説明である。単純な課題はみながてきやすい課題であるので優位反応はうまくできることであり、それに対して複雑な課題の優位な反応とはうまくできないことである。ザイアンスによれば、他者の存在は生理的喚起を高め、このような状態では優位反応が生じる確率がさらに高まる。したがって、他者が近くに存在することによって単純課題では社会的促進が、複雑課題では社会的抑制が生じることになる。ザイアンスによれば、他者の単なる存在が社会的促進や社会的抑制を生じさせるとしているが、別の見解として、他者から評価されるとの懸念が社会的促進や社会的抑制の発生には

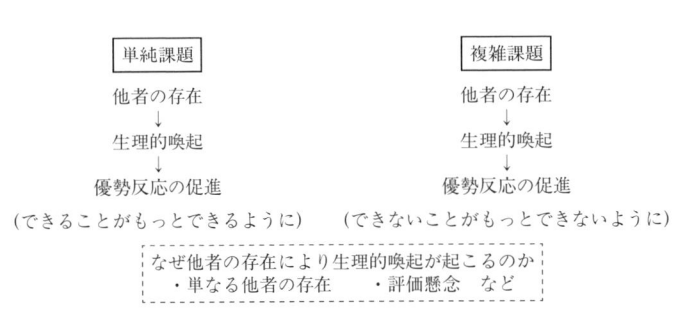

```
       単純課題                  複雑課題
      他者の存在                 他者の存在
         ↓                        ↓
      生理的喚起                 生理的喚起
         ↓                        ↓
      優勢反応の促進              優勢反応の促進
 （できることがもっとできるように）（できないことがもっとできないように）
         ┌──────────────────────────────┐
         │なぜ他者の存在により生理的喚起が起こるのか│
         │ ・単なる他者の存在　・評価懸念　など　　│
         └──────────────────────────────┘
```

図9-3　社会的促進現象の説明

必要であるとする研究者もいる（図9-3）。

　ザイアンスらの説明に対して、もう1つの流れは、自覚状態という認知的プロセスを仮定する自覚理論の立場からの説明である。この理論では、注意が外の世界ではなく自分自身に向かっている状態を自覚状態という。自覚状態では、その状況において最も重要な側面に関して理想に達しない自己を意識し不快感を経験する。人はこの不快感を払拭するために現実の自己を理想とする自己と一致させようとする。他者の存在は自覚状態を高めるとされているので、何か課題が設定されている状況では他者の存在により人は理想とする自己である優れた作業成績を目指すことになる。これが単純課題の場合の説明である。これに対して、複雑課題では、未経験、未学習といった性質を持つ複雑課題への接触は、それ自体でも自覚状態を高めることになる。他者の存在はさらに自覚状態を高める。課題を遂行するためには課題へ注意を向ける必要もあるが、高まりすぎた自覚状態が課題への注意を阻害するため社会的抑制が起こると説明される。

　複雑課題の場合の抑制効果については別の見解もある。遂行が難しい複雑課題では、がんばってもできないという「結果予期」がなされる。自覚状態にあると理想に達することができないであろう自己を意識することになる。これを避けるために注意を自己から外の世界に逸らそうとする。そのため、与えられた課題を心理的に回避し、課題遂行が抑制されると考えるのである。

推薦図書
本間道子（2011）『集団行動の心理学―ダイナミックな社会関係のなかで―』サイエンス社
深田博己（1998）『インターパーソナル・コミュニケーション』北大路書房
Hogg, M. A. (1992) *The social psychology of group cohesiveness: From attraction to social indentity,* London: Harvester Wheatsheaf. （廣田君美・藤澤　等監訳〔1994〕『集団凝集性の社会心理学―魅力から社会的アイデンティティへ―』北大路書房）
中里至正・松井　洋・中村　真編（2003）『社会心理学の基礎と展開』八千代出版

第 9 章　人と関わる（集団）

小集団研究所編（1990）『小集団研究辞典』人間の科学社
詫摩武俊編（1989）『基礎心理学講座Ⅴ　基礎社会心理学』八千代出版
山岸俊男監修（2011）『徹底図解　社会心理学』新星出版社

第10章

行動のトラブル（非行・犯罪）

1　行動のトラブルとは

　人は悩んだり、落ち込んだり、人と争ったり、傷つけたりなど、いろいろなトラブルを起こす。行動のトラブルは内容から「反社会的行動」と「非社会的行動」に分けることができる。

　反社会的行動は、社会の決まりを破ったり、人に迷惑や害を及ぼす行動で、「犯罪」や「非行」、そして「いじめ」がこれにあたる。

　非社会的行動は、人や社会との関係を避けるような消極的な意味で社会とうまくいかないような行動で、「不登校」や「ひきこもり」が含まれる。

　行動のトラブルの背景には個人の問題と社会の問題がある。たとえば犯罪の背景には意志が弱い、キレやすい、良心・同情などの情性が欠けているなどがあり、ひきこもりの背景には人間関係が苦手という個人の問題がある。他方、トラブルは時代によって変遷がある。非行を例にとると、1950年代は貧しさや家庭に恵まれないということが少年非行の原因であった。高度経済成長が始まる1960年代になると社会に対する不適応や反抗が非行につながり、豊かになった1980年代には目的がはっきりしない遊び型非行の時代になる。このように個人的問題と共に、時代や社会の問題が特有のトラブルを生む。以下に、代表的な反社会的行動と非社会的行動の実情と、背景にある個人と社会の問題についてまとめてみよう。

2　犯　罪

1　日本の犯罪

　社会の決まりに反して刑罰法令に触れる行為を犯罪という。日本では平成に入った頃から犯罪件数が増加して、2002（平成14）年には警察が認知した刑法犯は369万件と戦後最多となったが、その後減少して2010（平成22）年で約220万件である。事件の数では窃盗が半数以上で、次いで自動車運転中の過失による人身事故、そして器物損壊（駐車場で車が被害にあうことが多い）の順である（図10-1）。

　あなたが住んでいる町の人口が10万人だとすると、2010年には、1年間に1773件の犯罪が警察に認知され、978件の窃盗（だいたい300件くらいの自転車盗と100件くらいの万引き）、535件の自動車の過失による死傷、29件の詐欺、23件の暴行、20件の傷害、6件の強制わいせつ、4件の恐喝、3件の強盗、1件前後の殺人、強姦、放火があったことになる。

　犯罪の国際比較をしてみると（図10-2）、イギリスでは日本の6倍の犯罪、4倍の窃盗、アメリカでは5倍の殺人が起きている。やはり日本は犯罪の少ない安全な国といえよう。しかし、「犯罪に対して安全ではない」と治安に

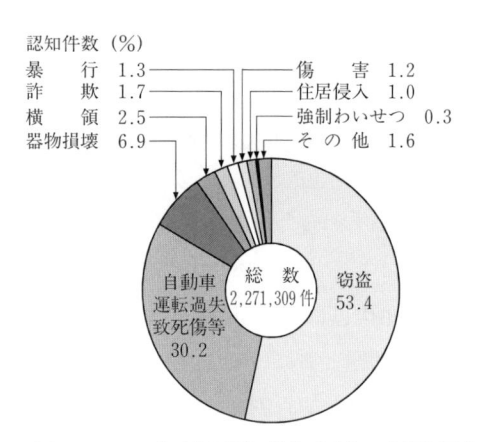

図10-1　2010年度犯罪認知件数（平成23年版犯罪白書）

第 10 章　行動のトラブル（非行・犯罪）

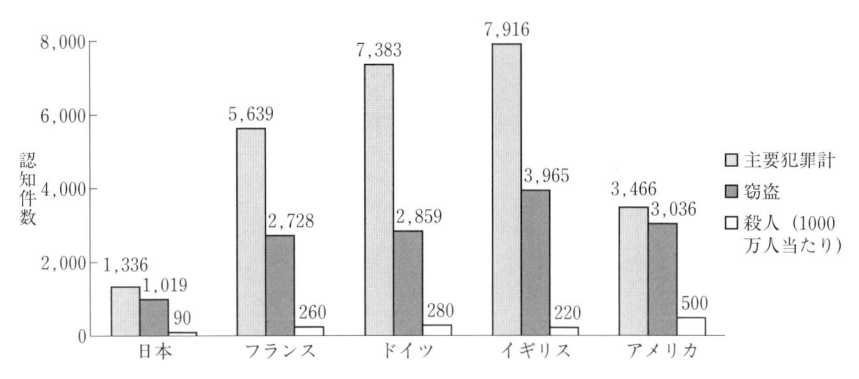

図 10-2　犯罪率の国際比較（人口 10 万人当たり、殺人のみ 1000 万人当たりの認知件数。平成 23 年版犯罪白書を基に作成）

対する不安を感じている人の割合はアメリカ 19％、フランス 21％、ドイツ 30％、イギリス 31％、日本 35％である（OECD, Factbook 09）。日本人は犯罪率が低いが犯罪被害に敏感で、それが犯罪抑止にも影響している。

2　犯罪者の特徴

犯罪についての性差は大きく、女性の犯罪率は男性より低く全体の 20％程度である。万引きでは女性の割合が 40％だが、強盗・傷害・暴行などでは女性は 7、8％で、暴力を伴う犯罪は特に男性に多い。

年齢でみると、警察に認知された犯罪件数のうち 4 分の 1 以上は 10 代後半の若者による（図 10-3）。犯罪率は 10 代半ばがピークで、年齢とともに少

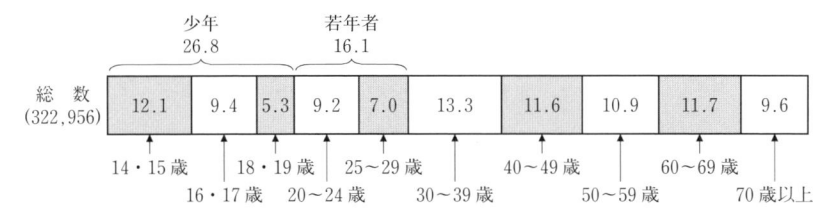

注）　1　警察庁の統計による。
　　2　犯行時の年齢による。
　　3　（　）内は、実人員である。

図 10-3　2010 年度一般刑法犯検挙人数（平成 23 年版犯罪白書）

なくなる。これは世界共通である。一方、20年ほど前には非常に少なかった高齢者の犯罪が増加している。高齢者数の増加を上回る急増である。背景には孤立した高齢者が増加していることが指摘されている。

3　各種犯罪の特徴

犯罪のうち盗みが多く、分類でみると窃盗が最も多く、そのうち自転車盗、万引き、車上狙いの順に多い。その背景には貧困や格差という社会の実情があるが、それだけではなく、自転車盗や万引きのように、たいして必要でないのに軽い気持ちで盗むという規範意識の低さも背景にある。また、2013年東京吉祥寺の路上で2人の少年が遊ぶ金ほしさに女性を刺殺して数千円盗んだ事件のように、短絡的な強盗犯罪がある。一方、非常に計画的な盗みもある。近年多いのがオレオレ詐欺のような振り込め詐欺で2010年には6600件、82億円の被害があり、60歳代以上の女性が被害にあいやすく、手口は年々巧妙になっている。

性犯罪は、2010年に10万人について6件の強制わいせつ、1件程度の強姦事件が警察に認知されているが、性犯罪は被害者が「知られたくない」「警察・裁判で聞かれたくない」などで届け出ない場合が日本で特に多く、警察が認知するのは5％という推定もあり（田口、2010）、そうすると10万人当たり20件以上の強姦事件があるということになる。性犯罪は時に「魂の殺人」と呼ばれ、被害がトラウマ（心的外傷）となり、心的外傷後ストレス障害（PTSD）や、自己非難、異性嫌悪、無力感などに苦しむことがある。

「レイプ神話」といわれることがある。たとえば「女性は強引なセックスを望む」といったもので、加害者にはこのような歪んだ信念や、自己中心性や、女性への敵意、ポルノ情報などが影響する。また、「挑発的な服装や乱れが犯罪者を挑発する」というのも神話で、むしろ「おとなしそうだ」、「届け出ないだろう」と思われるほうが被害者になりやすい。だから、被害者は若い女性に多く、強制わいせつでは半数以上が未成年で、中学生以下の子どもが30％程度を占める。

第 10 章　行動のトラブル（非行・犯罪）

　人を攻撃したり傷つける犯罪は、見ず知らずの人に襲われるのはむしろ少なく、殺人と傷害致死の加害者のうち 90％くらいは友人知人など面識のある者で、半分は親族の犯行である。そして、殺人の動機では、かっときて切れたりするような感情的な理由や、家族や恋愛相手など強い感情のつながりがかえって怒りや憎しみに変わることがある。ストーカー犯罪も特定の人に対する好意や恨みの感情が動機であることが多い。

　2012 年、神奈川県逗子市で女性が刺殺された。元交際相手の高校教師（40）は犯行後自殺。2 人は 8 年前に交際していたが別れ、結婚し姓も住所も変えた女性をネットや探偵、そして警察から漏れた情報を使って探し出し犯行に及んだ。

　犯罪は規範意識や抑制力などの個人の特性と関係がある。と同時に犯罪は社会の変化と共に変化する。たとえばマスコミが発達するとそれを利用するような犯罪が発生する。

　1984、1985 年にグリコ森永事件と呼ばれる事件が起きた。「かい人 20 面相」と名乗る犯人が江崎グリコ社長を誘拐し身代金を要求したり、食品に毒を入れるという強迫状・挑戦状をマスコミに送りつけるなどした。
　1997 年には 14 歳の中学生が 11 歳男児などを殺害、首を中学正門に置くなどし、「さあゲームの始まりです。愚鈍な警察諸君ボクを止めてみたまえ…酒鬼薔薇聖斗（さかきばらせいと）」というメッセージを残し「…透明なボクを作り出した義務教育と義務教育を作り出した社会への報復を忘れてはいけない…」という内容の挑戦状をマスコミに送った。

　このような犯罪はマスコミを舞台とする「劇場型犯罪」といわれる。
　インターネットが普及すると他人の PC に侵入してデータを盗んだりする犯罪が生まれ、2012 年にはまったく無関係の人の PC を遠隔操作して犯行

予告や脅迫メールを送りつけるという犯罪が起きている。

> フィッシング詐欺と呼ばれる事件も多発している。Aさんに、クレジットカード会社から「カードについて下記ページにログインし、内容をお確かめ下さい」とのメールが届く。Aさんは、ログインして会員番号とパスワードを入力。数日後、カード会社からの請求書を見てびっくり！ 勝手に使われていた！

ネット犯罪は、犯人の顔が見えない匿名性、証拠が残りにくい、国境も越える地理的広がり、不特定多数に被害が及ぶなど、これまでにない特徴を持っている。このように時代とともに犯罪も変化する。

3　非　行

1　日本の非行の変遷

非行とは未成年者の犯罪・不良行為をいう。厳密にいうと14歳～20歳未満の犯罪行為をした「犯罪少年」（少年という言い方で女性も含む）、14歳未満の少年の触法行為を「触法少年」（14歳未満は処罰されない）、20歳未満の少年の虞犯（ぐはん）性がある（不良行為があり性格などから将来罪を犯す恐れがあるとみなされる）を「虞犯少年」と呼ぶ。

非行には戦後3つの波があった。1951（昭和26）年をピークとする第1の波では戦後の混乱と貧困が原因の、いわば食うため、生きるための非行で、貧困や家庭の養育の問題が非行の原因とされ18、19歳の年長少年が多かった。1964（昭和39）年がピークの第2の波では、経済成長による社会変動、都市化、いわゆる団塊の世代といわれるように世代人口が多く受験など激しい競争社会という問題が生じ、社会に対する葛藤や反抗という動機が見られ、暴力、性、薬物、暴走などの非行が増加した。1983（昭和58）年をピークとする第3の波は刑法犯件数32万人という最大の波であった。団塊ジュニアが主人公になり、遊び型非行（目的がなく好奇心やスリルが動機）、低年齢化、女

子非行の増加が特徴である。その後、第4の波ともいえる増加があったが、2004（平成16）年から毎年減少し続けている。

2　現代の非行

2010年の非行件数は刑法犯で13万人で、これはおよそ100人に1人であり、第3の波のピーク時には約32万人、60人弱に1人であったからかなりの減少である。それでも14歳～19歳の刑法犯犯罪は人口比で成人の約5倍である。年齢では14～16歳が多く、女子は全体の20％で、犯罪では万引き、自転車盗が多い。なお、非行少年には含まれないが、深夜徘徊や喫煙で補導された「不良行為少年」は2010年度で約100万人、1000人当たり140人である。日本の非行はピーク時から見ると件数、凶悪犯罪など少なくなり沈静化したといえる。ただ、不良行為なども含めてみると未成年者の問題がなくなったわけではない。

　非行の始まりは多くの場合、まずは学校や家庭への不適応から生活の乱れ、家出、不登校などが起き、そして中には万引きや暴走、薬物という非行に進むものがあり、さらに一部は反社会集団との関係を深めて常習的な犯罪につながっていく。このように、だんだん非行の深度を深めていくということが一般的であり、非行に至る前のサインに気づくことや指導が大切である。ところが近年は、それまで兆候がなく突発的に重大な犯罪をしてしまうという「いきなり型非行」という傾向がある。通常の非行との二極化である。いきなり型といっても背景には、家庭内の問題、虐待、孤立、いじめ、挫折などがあったりする。

2000年の西鉄バスジャック事件では17歳の少年が刃物を使ってバスを乗っ取り3人に切りつけ1人が死亡した。この場合、いじめ、家庭内暴力、不登校、2ちゃんねるに熱中などの背景があった。

2010年、兵庫県の女子中学生2名（14歳と15歳）が、それぞれの家族を殺害しようと企て、深夜、自宅に放火して住居を半焼させ、就寝中の

> 父親と妹に火傷の怪我を負わせ母親を焼死させた。「親がうるさいので、互いの家に火をつけようと約束」。親の暴力、家庭の問題を教師に相談していた。

　非行の事実がなく表面上は「普通」の中高生が突然犯行に及ぶ「いきなり型非行」であるが、こころの問題、家庭の問題、学校の問題が背景にあって、何かのきっかけで突然爆発する。

3　アイデンティティ

　犯罪・非行の数は国際的に見ても14歳〜16歳が最も多い。発達心理学から見てこの時期は子どもが大人になっていく時期である。大人になるための混乱が非行や非社会的トラブルの背景になっている。エリクソン（E. H. Erikson）はこの時期を「同一性対同一性拡散」の時期と考えた。自分は何者かという自我同一性（アイデンティティ）の達成がうまくいかないと、拡散、つまり自分の将来のために勉強したり我慢したりすることを忘れて刹那的な生き方をするようになる。夜更かし、怠学、薬物、性などの誘惑に負け非行を深めていく。親から自立していくために親に対して反抗的にもなる。青年期のこのような自己の揺らぎは非行だけでなく無気力やひきこもりなどの非社会的トラブルの原因にもなる。

4　いじめ

1　いじめの状況

　いじめは、弱いものを暴力やいやがらせなどによって一方的に苦しめることであり、犯罪行為である。暴力だけでなく、ものを隠す、しかと（無視）する、ネットで悪口をいうといった行為もいじめである。
　いじめの認知件数は文部科学省によると2010年度に小・中・高・特別支援学校全体で約7万5000件で、1000人当たりの認知件数で5.6件、うち小

学校で3万6000件（5.4件）、中学校3万2000件（9.5件）、高校6600件（2.9件）であり、中学校がだいたい100人に1人でいじめのピークである。

1970〜80年代は、学校における問題は校内暴力だったが、80年代半ばからいじめが注目されるようになった。それはいじめを受けた子どもが自殺したことがきっかけであった。たとえば、

> 1985年、中野区富士見中学で2年生の男子生徒が、使い走りをさせられ、日常的に暴行を受け、そして生徒の「葬式ごっこ」が行なわれ、担任教師も参加した。そして生徒は学校を休みがちになり自殺した。
> 2010年、滋賀県大津市で中学2年生の男子がいじめを苦に飛び降り自殺。自殺の練習をさせられていたとの目撃情報もあった。

近年はネット上のいじめも増えている。これは匿名性が特徴である。2006（平成18）年の文科省調査では高校生の約14％が携帯やPCなどで中傷などいやなことをされたと答えている。多いのはウェブサイトの掲示板、いわゆる学校裏サイトで「うざい」「死ね」などの攻撃や「売春」「覚せい剤」などの中傷、写真や個人情報を勝手に公開するなどである。また、チェーン・メールで誹謗中傷を次々に多数の生徒に送信したりすることもある。

ここで、読者自身の小学〜高校までのいじめの体験や見聞について、誰が、誰に、何をしたかと考えてみてほしい。まったく体験もなく見たことも聞いたこともないという人は少ないのではないだろうか。

2　日本のいじめ

森田（2010）の国際比較によると、いじめは日本だけの問題ではなく各国にもある。日本のいじめ問題では、社会・集団ではなく、個人の心に、そして加害者ではなく被害者に注目しがちだが、欧米の発想では、いじめは生徒・学校を脅かす行為で社会防衛の問題であり、加害者ではなく被害者が転校するのはおかしいという考えである。

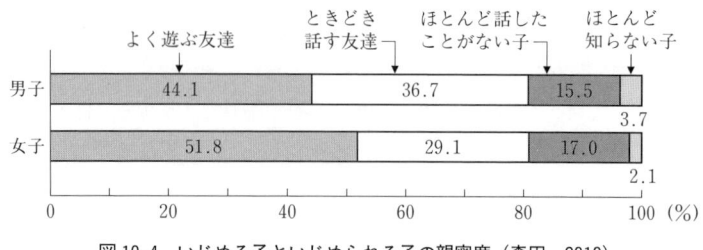

	よく遊ぶ友達	ときどき話す友達	ほとんど話したことがない子	ほとんど知らない子
男子	44.1	36.7	15.5	3.7
女子	51.8	29.1	17.0	2.1

図10-4　いじめる子といじめられる子の親密度（森田、2010）

　森田の調査によると、いじめをするのはかなり親密な友達が多い（図10-4）。だから、特に女子の場合は仲良しから仲間はずれにされるといういじめが起きやすいし、仲間だからいじめられても逃げ出しにくい。

　いじめでは加害者と被害者が注目されるが、森田の四層化モデルでは、「加害者」、「被害者」の他に、直接手は下さないがはやし立てる「観衆」と、知らぬふりを装う「傍観者」がいる。傍観者が仲裁者になったり、いじめに対して冷ややかな態度をとるといじめの抑止力になるが、傍観者が自分も被害者になるのを恐れて見て見ぬふりをしているといじめを支持することになる。森田の調査によると、傍観者の出現比率は小5の30％弱から中3では60％以上に増え、反対に、仲裁者の出現比率は小5では50％以上だが、中3では20％程度に減る。イギリスでは一度下がった仲裁者の出現比率が中3では40％以上に持ち直し、これが抑止力になるが、日本では年齢とともに仲裁者が減り、見て見ぬふりをする自分本位な傍観者が増える。

3　集団の力

　集団は人に強い影響力を持ち、特に子どもや若者は影響を受けやすい。だから皆がいじめたり、はやし立てているのに1人だけ反対することは勇気がいる。いじめは個々人の特性の問題や加害者－被害者の二者関係の問題ではなく、集団全体の問題である。山岸（2008）の研究ではいじめの傍観者が仲裁者になるかどうかは、周りの人々のうち何人が止めに入ると思うかということで決まる。周りの人のうちある程度以上の人数が止めるほうに回ると思

うと、自分も止めに入ろうと考えるようになり、止める人は次々に増えていく。反対に止める人は少ないと思うと、自分がいじめられる側になるのが嫌なので傍観者になり、それを見て皆次々に傍観するほうに回り、いじめられる子は孤立する。普段から皆がいじめに反対するだろうと思うような集団を作ることが大切である。

5　犯罪につながる人の攻撃性

1　攻撃の本能

　犯罪・非行・いじめに共通してよく見られる傾向は攻撃性である。ライオンが生きるためにシマウマを襲うのとは違い、人はわけもなく他人を攻撃する。フロイト（S. Freud）は、人には自らを成長させ愛の原動力となる生の本能（エロス）と、自己破壊的な死の本能（タナトス）があり、死の本能が内に向かうと自殺などの自己破壊になる。そこで、この衝動を外に向けて他者を攻撃すると自己の危機は低下する。つまり、フロイトによれば　攻撃的犯罪は内にたまった衝動のはけ口なのである。他者を攻撃する代わりに、スポーツをする・見る、攻撃的 TV などを見ることでも攻撃的な衝動が低下する。これをカタルシスという。また、生の本能を強めること、愛や信頼などの絆を強めることは攻撃を抑制するし、超自我とフロイトが呼ぶ良心や道徳心が強ければ攻撃を抑制できる。このような心は親子の関係から形成されるという。

2　攻撃行動の進化

　動物行動学の立場から、人にも攻撃の衝動と攻撃を解発する刺激があるとしたのがローレンツ（K. Lorenz）である。人も他の動物と同様に進化の中で、生き残り子孫を残すための攻撃性を持つようになった。家族を守る、縄張りを守る、異性を獲得するため、順位を上げるために人も戦う。たとえば人に

極めて近いチンパンジーのオスは群れの中の順位を争い、争いに勝った好戦的なオスがメスとの性関係を持ち自分の子孫を残すので、ライバルと戦うという心が進化していく。人の男が女より攻撃的犯罪が多いのはこのような長い進化の歴史が関係している。

3　フラストレーション

攻撃行動の原動力は自分の欲求が満足されない欲求不満（フラストレーション）だと考えたのがダラードら (J. Dollard) である。「もうすぐごはんだから食べちゃダメ」とお菓子を取り上げられた幼児が駄々をこねてママをたたくというしくみである。欲求不満やストレス、不快な感情が攻撃行動を高める。金融危機などによる社会不安や失業が世界中で多くの暴動を起こしている。交際を断られた男性が女性にストーカー行為をしたり攻撃する事件もある。

> 2011年、千葉県の23歳女性が元交際相手の27歳男からストーカー行為を受け、警察は再三厳重注意。男は三重県の自宅でいさめる父親に暴力をふるって出奔し、長崎県の女性の実家を襲い女性の母親と祖母を刺殺した。

このように攻撃行動は本来の敵ではない相手に「置き換え」られることがある。攻撃の対象、スケープゴートには敵意を挑発する特徴があることが多い。たとえば異人種、異教徒は格好の攻撃対象となる。2012年の尖閣問題を巡る中国暴動事件では、社会に対する不満が根底にあり、日本人に対する敵意が攻撃のターゲットを形成したと分析されている。近年駅員に対する暴力が増えており、加害者は40代以上の中高年が6割を占め飲酒と会社や家庭でのストレスが原因といわれているが、相手が駅員なら多少の乱暴は許されるだろうという気持ちが背景にある。このような弱い立場の人や、女性に対する暴力は反撃されないという思い込みで起こりやすい。しかし、攻撃行動によって欲求不満やストレスが低下するわけではなく、また同じような犯

第10章 行動のトラブル（非行・犯罪）

行が繰り返されることになる。運動部などの体罰が問題になった。教育効果を強調する人もいるが、これが弱い立場の人に対する暴力だということは言い逃れできないことである。

4 モデリング

フロイトとは反対に暴力的TVを見ると攻撃性が強まると考えたのがバンデュラ（A. Bandura）である。第6章で紹介されているモデリングの実験でバンデュラは暴力を見た幼児が暴力的になったということを示した。主人公が正義のために悪を力によって退治するというTVでよくあるストーリーは暴力的犯罪・非行のかっこうのお手本になっている。ポルノ、特に暴力的ポルノはレイプのお手本である。犯行の手口も模倣され似たような犯罪が繰り返されたりする。

2008年東京秋葉原の歩行者天国に25歳男がトラックで突入し、次々に人を撥ね、ナイフで人を刺し7名が死亡した。

2010年広島市のマツダ工場で、42歳の男が車で12人の従業員を次々とはね、1人が死亡。犯人は「秋葉原のような事件をおこしてやろう」と思い、包丁も持っていった。

それらの前、2008年には茨城県土浦市でも死刑による自殺願望の犯人のナイフによる無差別殺人事件があり、少し前、2001年には附属池田小事件があり、児童8人が、死刑願望の男に刺殺されている。

上の犯罪は皆、死にたいが死ねないので死刑にしてほしいという犯人による犯罪である。暴力は暴力を生み、犯罪は模倣され繰り返される。

6　犯罪を抑える力

人はいろいろな欲求を持ち、怒ったりもするが、普通はそれが犯罪行為に

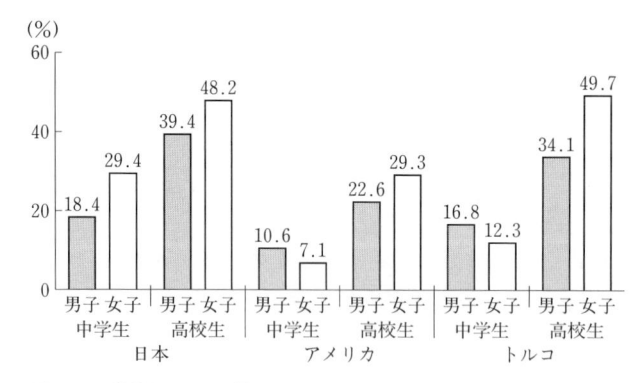

図10-5 学校をさぼる（「たいしたことはない」の割合）（松井、2003）

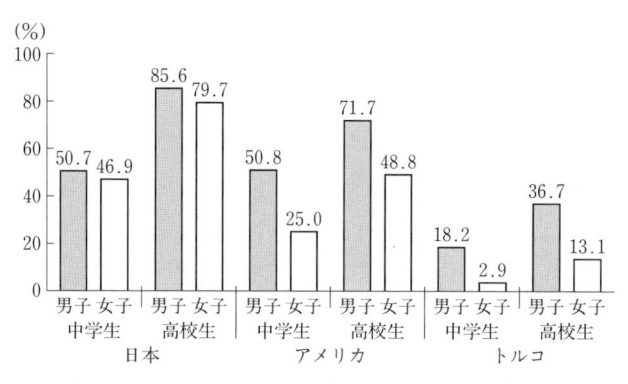

図10-6 エッチな雑誌やアダルトビデオを見る（「たいしたことはない」の割合）（松井、2003）

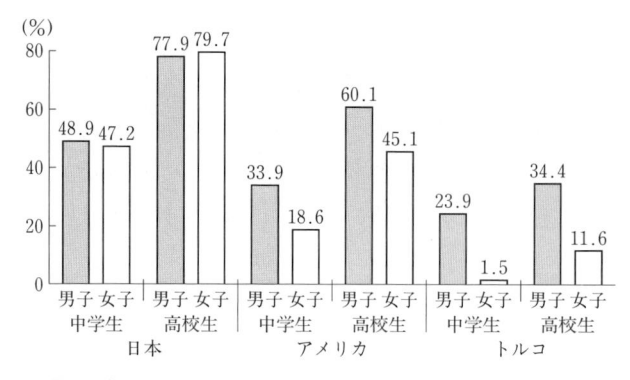

図10-7 異性の友達と2人で泊まる（「たいしたことはない」の割合）（松井、2003）

第10章　行動のトラブル（非行・犯罪）

つながることはない。人には犯罪を止める心のブレーキがある。ブレーキには罪悪感、共感、思いやり、恥などがあるが、これが弱いと犯罪につながる。

1　罪　悪　感

犯罪や非行のブレーキの1つは「悪い」という気持ちである。松井（2003）は日本、アメリカ、トルコの中高生にいろいろな行為について「悪い」ことか、それとも「たいしたことはない」ことか聞いている。日本の中高生は万引きや違法薬物使用などの犯罪について「たいしたことはない」と答える割合は数％と少なくアメリカの3分の1に過ぎず、多くは「悪い」という罪悪感のブレーキを持っている。

他方、犯罪ではないがあまり思わしくない行為、性に関することや、学校をさぼったり、酒やタバコについては日本の中高生は甘く罪悪感が弱い。図10-5～10-7は「学校をさぼる」「エッチな雑誌やアダルトビデオを見る」「異性の友達と2人で泊まる」（遠まわしに性関係を持ってもよいかどうか聞いている質問）という質問に「たいしたことはない」と答えた割合である。読者も自分が中学生あるいは高校生だったら「たいしたことはない」と答えるかどうか考えてみよう。

トルコの中高生は学校をさぼることには多少甘いが、性に関することに特に女子が抑制的である。アメリカの中高生はトルコほどではないが性についてはおとなしく、特に女子中学生は抑制的だ。学校をさぼること、異性関係やポルノに一番甘いのは日本の中高生である。特に女子中学生の性に対する態度はアメリカと比べてみても異質である。このように性やさぼりに抑制的でないことはたいしたことではないと思われるかもしれないが、非行につながりやすい態度である。特に、女子の早すぎる性経験は「望まないけれど求められて」ということや、性非行や性被害、低い自尊感情につながりやすいので好ましくはない傾向である。また、さぼる、誘惑に弱くがまんしないということは、非社会的トラブルにつながる危うい特徴である。

2　共感・思いやり

犯罪を止めるには人の良い面が必要である。「共感性」はよろこんでいる人を見るとうれしく感じ、悲しんでいる人を見ると自分も悲しくなる気持ちである。共感は人に苦痛や不幸を与える行動の強いブレーキになる。

「思いやり」は積極的に人のために何かをしようという気持ちで、反社会性の反対で「向社会性」ともいう。思いやりが強いと他者に対して援助しようとは思っても他者を傷つけようとは思わなくなる。

多くの人は他人を傷つけたりすることにこのような抵抗感を持つが、犯罪者の中にはこれが弱い者がいる。共感性も思いやりもその基本は人類が集団生活の中で進化させてきた心である。しかしそれを発揮させるためには、親密な親子関係の中で相手の感情を感じることを学んだり、他者の状況や気持ちに注意を向けさせるような教育が必要である。

3　恥

アメリカの文化人類学者ベネディクト（R. Benedict）は、欧米は内的な良心に基づいて行動する「罪の文化」なのに対して、日本は周りの人を意識する「恥の文化」だとした。松井（2007）は日本、アメリカ、トルコの中高生に、いろいろな恥ずかしい場面がどのくらい「恥ずかしい」と思うか聞いている。図10-8のようにトルコの中高生は他人、特に親や先生のような大人

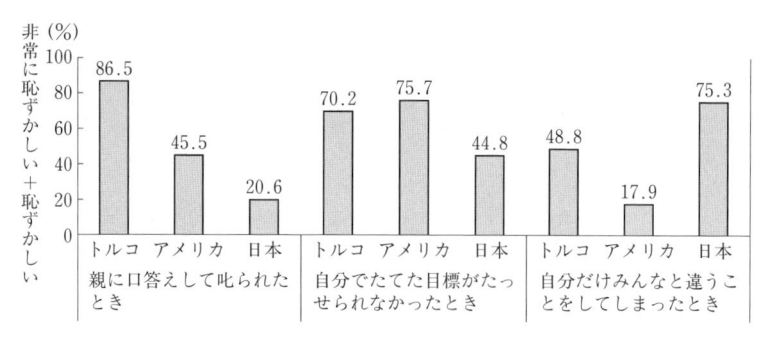

図10-8　恥ずかしい場面（松井、2007）

から叱られることを恥ずかしいと感じている。アメリカの中高生は他人の眼をあまり気にしないが、自分自身の基準によって恥ずかしいと感じる。日本の中高生は予想外に他人の眼を気にしない。これは人目を気にする傾向のある親の世代と大きく違うところである。日本の中高生は自分の友達など仲間と違うことが恥ずかしい。文化によって異なる「恥ずかしい」という気持ちが犯罪のブレーキになる。日本の大人の世代は周りの人を気にする「恥」がブレーキだったが、若い世代は自分の周りの人しか気にしない。大人の存在はブレーキにならないのである。そして、周りの友達を気にしすぎるという問題にもつながる傾向である。読者はこの三つの場面のどれが「恥ずかしい」か比べて、自分がアメリカ型、トルコ型、日本型のどの恥意識なのか考えてみよう。

7 不 登 校

　非社会的なトラブルは犯罪とは違い人や社会を傷つけるものではなく、人や社会との関係で自分が傷ついたり、不幸せになるトラブルである。若年層は学校という社会に不適応を起こし不登校になることがある。
　文部科学省によると、2011（平成23）年度に不登校の児童、生徒（30日以上欠席；病気、経済理由を除く）は、小学校が2万2622人で0.33％（304人に1人）、中学校は9万4836人、2.64％（38人に1人）、高校は（2010年度）5万5707人、1.7％いる。小学校から中学校に進むと急増し中3がピークである。
　不登校になった理由（小中）についての文科省の調査（図10-9）では、不安などの情緒的問題、無気力など個人の内面の問題が多く、次いで、いじめを除く友人関係、親子関係、あそび・非行、学業不振の順である。小学生では家庭に関わることが、中学生では学校に関わることが相対的に多い。
　原因からタイプに分けると、学校生活からくる不登校；学業不振や友人関係の問題、いじめや学習障害などの問題も考えられる。遊び・非行型；非行グループに入ったりして登校しないタイプ。無気力型；何となく登校しない。

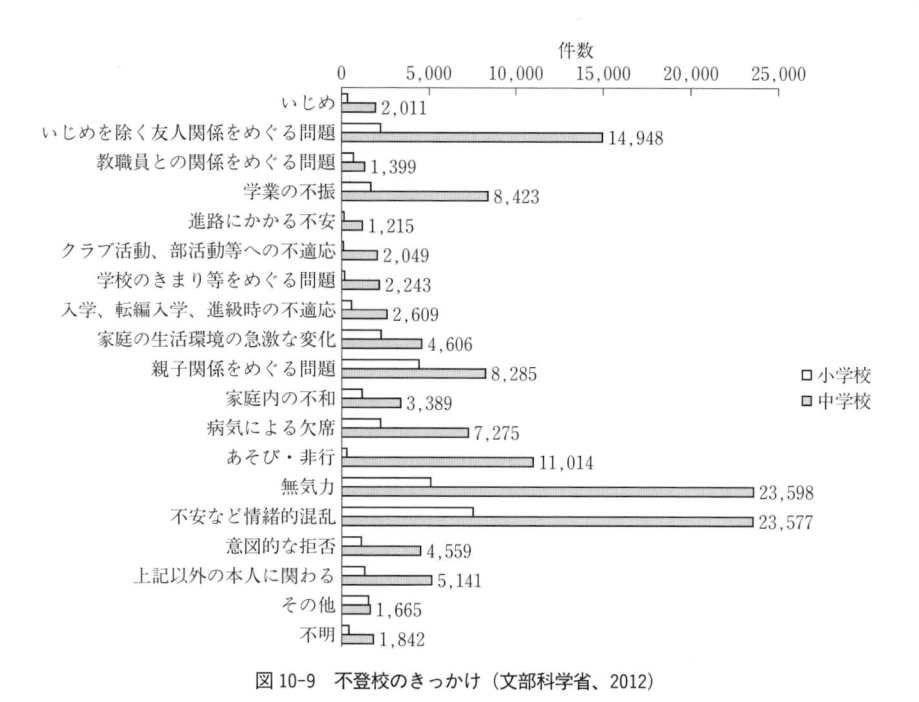

図10-9　不登校のきっかけ（文部科学省、2012）

項目	小学校	中学校
いじめ		2,011
いじめを除く友人関係をめぐる問題		14,948
教職員との関係をめぐる問題		1,399
学業の不振		8,423
進路にかかる不安		1,215
クラブ活動、部活動等への不適応		2,049
学校のきまり等をめぐる問題		2,243
入学、転編入学、進級時の不適応		2,609
家庭の生活環境の急激な変化		4,606
親子関係をめぐる問題		8,285
家庭内の不和		3,389
病気による欠席		7,275
あそび・非行		11,014
無気力		23,598
不安など情緒的混乱		23,577
意図的な拒否		4,559
上記以外の本人に関わる		5,141
その他		1,665
不明		1,842

不登校の罪悪感が少ない。<u>不安など情緒的混乱</u>型；登校の意思はあるが身体の不調を訴えて登校できない、あるいは不安のような情緒的な混乱によって登校しない（できない）型。<u>意図的な拒否</u>型；学校に行く意義を認めず、登校しない型。

8　ひきこもり

　ひきこもりとは、仕事や学校に行かず、人との交流もほとんどなく自宅に6カ月以上閉じこもっている状況をいう。ひきこもりにも程度がありはっきりしないが、全国に100万人いるともいわれている。内閣府の2010年の15歳〜39歳を対象とした調査によると、ほとんど自室や自宅から出ず、せいぜい近所のコンビニ程度に出かける狭い意味のひきこもりは0.61％で約24

万人、趣味の用事の時だけは外出する準ひきこもりが1.19％で約46万人、合わせて1.79％で約70万人と推定している。40代以上のひきこもりも増加しているのでもっと多い可能性もある。

ひきこもりは男性に多く、10代などの若い世代の問題と考えられてきたが高年齢化が進み30代〜40代の問題でもある。きっかけは職場・大学になじめない、病気、就活に失敗、小学〜高校不登校、人間関係などである。学校では友達が少ない傾向があり、我慢していたと感じており、一人遊びをしたり不登校を経験したり、集団や他者との関係が苦手の場合が多い。

ひきこもりの間家では深夜まで起きていることが多く、テレビ、読書、ネット、ゲームをしている。一方、気持ちは親に申し訳ないが、他人がどう思っているか不安だし、集団に溶け込めないし、人に会うのが怖いので社会に出ていけない、だから、苦しい、絶望、死にたいという葛藤や苦悩を感じている。

9　日本の若者の問題

反社会的、非社会的どちらも若い世代にトラブルが起きやすい。そこで若者のトラブルに焦点を絞って考えると、若者の姿やトラブルは時代とともに変わってきたといえる。たとえば日本性教育協会の調査によると、若者の性経験は図10-10のように1970年代は大学生高校生とも経験者は少数派で、特に女子の経験は少なかった。この年代はまだ「がまんする」というような日本の伝統的道徳が生きていたといえよう。ところがこれがだんだん弱まり「したいことをすることはよいことだ」に変わり、80年代から90年代に性経験者が激増する。性＝結婚という考えは減り、日本の若者の性意識は激変した。時を同じくして、第3の波と呼ばれるように非行が激増する。この時代の若者は性意識だけでなく「がまん」や「努力」という伝統的価値観から解放されたようだ。前に日本の中高生がさぼることや性などの誘惑に弱いという調査結果を紹介したが、2000年代までこのような風潮が続いたようだ。

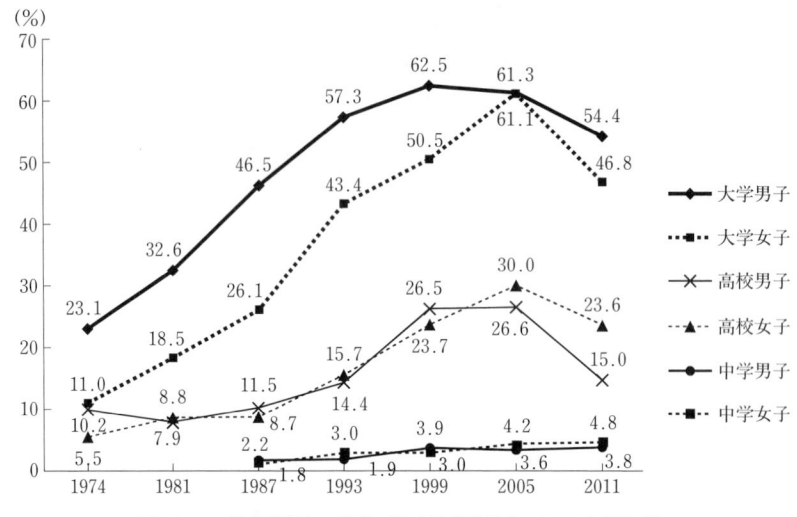

図10-10　性交経験率の推移（日本性教育協会、2012より作成）

ところが今日大学生高校生の性経験率が急に低下している。厚生労働省によれば2010年に「セックスに関心がない」か「嫌悪している」と答えた16歳～19歳の男子は36.1％、女子は58.5％で2008年より増加した。「草食系」という言い方が当てはまるかもしれないが、他者との濃密な関係を避けたがる傾向とも考えられる。時を同じくするように非行も少なくなり、日本の若者は荒れる危険な若者から、よくも悪くもおとなしい若者になった。

他方、現代の日本の若者を取り巻く状況は厳しい。総務省によるとパート、アルバイトで生活するいわゆるフリーターは2011年に15歳～34歳で176万人。また、若年無業者（15歳～34歳の非労働力人口のうち、家事も通学もしていない者；いわゆるニート〔NEET〕）は60万人である。背景には、ボーダーレス世界、産業構造の変化、不況など社会の側の問題がある。中学卒、高校卒、大学卒の就職後3年以内の離職率をよく七五三というが、実際には2011年度でそれぞれ64.2％、35.7％、28.8％である。日本の仕事の状況は厳しく、中には理不尽な職場もあるが、それでも「がまん」が足りない、「自分探し」しすぎるという若者の側の問題もある。

第10章　行動のトラブル（非行・犯罪）

　そのような中で、若者自身の多くは非行や犯罪に走るわけでなく自分なりの満足感を得ている。内閣府（2012）によると、一番幸福度が高いのが10代で低いのが50代である。若い社会学者の古市（2011）の『絶望の国の幸福な若者たち』という本の題が示すように、日本の若者は、閉塞的な社会の現状に適応してそれなりの満足感や幸福感を持っている。他方、将来については不安があり、大きな明るい将来像を描きにくいので世界や関心が自分の周りのことになりがちである。それゆえ、身近な人との関係に傷つきやすく、いじめのように身の周りにいる友達との間で葛藤しやすく、ひきこもりのように自分の小さな世界に閉じこもりがちになりやすい。また時には、閉塞感の中で自暴自棄になり突然無目的に暴発する。さらに今や「ひきこもり」のような問題は若者の問題から成人の問題そして社会全体の問題になっていきつつある。日本の社会状況が新しいトラブルの状況を造っているのである。松井（2013）は「努力すれば報われる社会だ」というような自分の生きる社会に対する世界観が幸福感や適応観につながると指摘する。「将来」、「夢」、「絆」ということが実感できる社会が望まれる。

推薦図書

中里至正・松井　洋（2010）『インテリ公害―日本人の出直しのために』グラフ社

中里至正・松井　洋編著（2007）『「心のブレーキ」としての恥意識―問題の多い日本の若者たち』ブレーン出版

中里至正・松井　洋（2003）『日本の親の弱点』毎日新聞社

森田洋司（2010）『いじめとは何か―教室の問題、社会の問題』中公新書

山岸俊男（2008）『日本の「安心」はなぜ、消えたのか―社会心理学から見た現代日本の問題点』集英社

第11章

こころの病とその癒し（心理療法）

1　こころの病とは

1　こころの病を理解する意義と効用

　最近は、ニュースなどでさまざまなこころの病について見聞きすることが多くなってきた。そして、以前に比べて、こころの病に関する私たちの関心も高まってきたように思われる。

　しかし、果たして私たちは、こころの病について、しっかりと理解しているだろうか。どうも、こころの病とは「自分とは関係のない病気」「治らない病気」など、誤解されているように思われる。そして、このような誤解によって、患者本人やその家族が差別や偏見にさらされたり、治療機関に行きにくかったり、社会復帰がスムーズにいかなかったりすることが起きている。また、ある特定のこころの病が事件と関連づけられるような誤解も見受けられる。このような誤解などを解くためや、将来、自分がこころの病になった時に、適切な対処ができるためにも、こころの病についての正しい知識を身につけておくことは有益である。そこで、この節でこころの病をもっと身近なこととしてとらえ、理解を深めることにしよう。

2　精神障害の種類

こころの病の総称はさまざまあるが、ここでは、精神障害（mental disorder）と呼ぶことにする。では、精神障害にはどのようなものがあるのだろうか。わかりやすく整理・分類してみていこう。

実は、精神障害の分類の仕方もさまざまある。たとえば、病気の原因による分類や、世界保健機関（WHO）による国際疾病分類（ICD：International Classification of Disease）や、アメリカ精神医学会の精神障害の診断・統計マニュアルによる分類（DSM：Diagnostic and Statistical Manual of Mental Disorders）などがあり、各分類によって病名も多少異なっている。しかし、分類方法や病名が異なっても、その病気の内容や扱い方の本質は変わらないため、これらをまとめてみたのが表11-1である。この表の通り、精神障害は大きく分けて、①精神病、②神経症、③人格障害の3つに分類できる。

簡単に説明すると、精神病とは、幻覚や妄想、気分のひどい落ち込みや激しい高揚など、普段私たちが体験しないような精神症状が現われる病気のことをいう。

神経症とは、心理的な要因によって、不安などの精神症状や、頭痛や不眠などの身体症状など、心身に症状が現われる病気のことをいう。

人格障害とは、こころの病気というよりも、性格の著しい偏りやゆがみによって、行動や人間関係や日常生活に問題が出てきて、本人のみならず周囲の人々も困ってしまうような病気のことをいう。

以下では、これらのうち、「よくわからない病気」、「自分とは最も関係の

表11-1　こころの病の分類

①精神病	・統合失調症（schizophrenia） ・気分障害（mood disorder）　など
②神経症	・パニック障害（panic disorder） ・外傷後ストレス障害（PTSD：Post-Traumatic Stress Disorder） ・強迫性障害（obsessive-compulsive disorder）　など
③人格障害	・反社会的人格障害（antisocial personality disorder） ・自己愛性人格障害（narcissistic personality disorder）　など

ない病気」などと認識されることが最も多く、誤解も最も多い病気である精神病を取り上げていく。

1) 精神病とは

普段、こころの病を何でも一言で「精神病」と言ってしまいがちである。が、実は、精神病というと、主に、①統合失調症 (schizophrenia) と②気分障害 (mood disorder) を指す。

2) 統合失調症とは

統合失調症は、今まで精神分裂病と呼ばれていた。が、「精神分裂病」という病名からイメージされる誤解や差別、偏見などをなくすために、2002年に「統合失調症」へと病名変更がなされた。では、どのような病気か、事例でみていこう。

【事例11-1　大学生Aさん】

「『お前はダメな人間だ』と、私のことをののしる声が聞こえて、気になって勉強が手につかない。まわりの人たちが、私に危害を加えようと計画しているようで、いつも誰かに見張られている気がする。怖くて仕方ない（現実にはそのような声はしないし、見張られてもいない）」

統合失調症は、18歳頃から30歳前半頃までに発症する率が高い。一生の間に一度でもこの病気にかかる人の割合は、約1％といわれている。

表11-2　統合失調症の主な特徴

陽性症状	・妄想（関係妄想、被害妄想、心気妄想、誇大妄想など） ・幻覚（幻聴、幻視、幻臭など） ・作為体験（他人に支配され操られているという体験） ・滅裂思考（話にまとまりがない）　など
陰性症状	・感情の平板化（感情表現が少ない） ・思考の貧困化（考える内容が乏しい） ・生活様式の変化（引きこもり、不潔、化粧や身だしなみが変わる） など

特徴的な症状は、表11-2の通り、妄想や幻覚、感情の平板化などである。妄想とは、現実的にはありえない誤った観念のことであり、周囲からするとありえないことなのだが、本人は現実に本当に存在しているととらえていることをいう。事例では、「私に危害を加えようと計画している」などの記述にみられる。幻覚とは、幻視（実際にはない物が見える）、幻聴（実際には聴こえない音が聴こえる）などをいう。事例では、「私のことをののしる声」という記述にみられる。

　ところで、統合失調症は、現実的な判断ができなかったり、自分が病気だという認識（「病識」という）がなかったりするため、本人が自主的に治療に来ることは少ないといわれてきた。しかし、最近では、それは症状が最も活発な急性期だけのことで、ほとんどの患者は病識もあり、自主的に治療を受けているといわれている。

　原因はまだ解明されていないが、現在は、薬物療法が大変有効であるため、早期に専門的な治療機関につなぐことが大切な病気である。

　<u>３）気分障害とは</u>

　うつ病や躁うつ病という言葉は聞いたことがあるだろう。近年、これらの病名をあわせて気分障害と呼ぶようになった。では、どのような病気か、事例でみていこう。

　まず、気分障害とは、気分の高揚した状態（躁）と、憂うつで気分の落ち込んだ状態（うつ）が繰り返し起こる病気をいい、３つのタイプに分けられる。躁状態だけを繰り返す「躁病」、うつ状態だけを繰り返す「うつ病」、躁状態とうつ状態を交互に繰り返す「躁うつ病」の３つである。このうち、うつ病が５割と最も多く、躁うつ病が４割、躁病は１割弱といわれている。20歳頃から初老までと広い年代にみられる病気である。

第11章 こころの病とその癒し（心理療法）

【事例11-2　大学生Bさん】
　「今まで一生懸命、勉強をがんばってきた。大学のある講義で、大勢の学生の前で発表した時に、ちょっとした指摘をされて自信がなくなった。それから、自分はまったく役に立たない人間で、他人に迷惑をかけるだけだと思うようになった。食欲もないし、寝つきが悪く、全身がだるくて、大学に行く気力もない（まわりの人も、Bさんが憔悴しきっているようにみえる）」

　事例11-2は、うつ病の事例である。特徴は、気分がひどく落ち込んだり、自分を責めたり、食欲がなくなったりすることなどである（表11-3）。こういう症状は、誰でも普段の生活の中で経験したことがあるだろう。ただ、ほとんどの場合、日常生活を過ごす中で自然に解消されていくものだといわれている。ところが、うつ病の場合は、このような症状が長期間持続し、本人が強い苦痛を感じ、社会的活動や日常生活に支障をきたすほどになり、重症の場合は自殺にまで至ることもある。

【事例11-3　大学生Cさん】
　「最近、気分がうきうきして、毎日楽しくて仕方ない。誰にでも話しかけたくなり、深夜でもかまわず、友人に次々と長電話をかけたくなってかけた。何でもうまくいくような気がして、今度、大きな投資を始めることにした（実は、莫大な借金をしてまで無謀な投資をしたり、高額な買い物をしたり、見知らぬ異性に声をかけて無分別な行動をしたりもしていた）」

表11-3　うつ病の主な症状

精　神　症　状	身　体　症　状
・気分の著しい落ち込み ・興味、関心の著しい低下 ・意欲、気力の著しい減退 ・罪悪感 ・焦燥感 ・集中困難 ・自殺念慮（自殺を考えること）　など	・睡眠障害 ・食欲不振 ・体重の著しい減少 ・疲れがとれない　　　　　など

表 11-4 躁病の主な症状

精 神 症 状	身 体 症 状
・過剰な気分の高揚 ・興味、関心の著しい変化 ・過活動、多弁 ・誇大な言動、自尊心の増大 ・著しく楽観的な考え方　　など	・睡眠欲求の減少 　（夜、眠らなくても平気でいられる） 　　　　　　　　　　　　　　　　　　など

事例 11-3 は、躁病の事例である。特徴は、客観的に誰がみてもその状況にそぐわないほど過剰に気分が高揚したり、過活動で、著しく楽観的な思考をすることなどである（表 11-4）。うつ病と同様、このような症状が長期間持続し、社会的活動や日常生活に大きな支障をきたす。

これら気分障害の原因は、まだ解明されていない。しかし、心理療法と薬物療法が有効なため、まず、早期に専門的な治療機関を受診することが大切な病気である。最近では、身体の不調などの身体症状のほうが精神症状よりも目立ち、一見するとうつ病とわからないような軽いうつ病が多くなってきた。よって、早期発見も大切なこといえる。

最後に、ここでは精神障害について簡単にまとめてあるにすぎない。よって、この文章を読み、自分や他者を「～病」と安易に判断したりすることなどは避けてほしい。

2　カウンセリングとは

1　カウンセリングの定義

カウンセリング（counseling）の定義はさまざまあり、1つに統一されていない。そこで、ここでは、2つの定義を紹介し、カウンセリングとは何かをみていこう。

まず、佐治守夫（1968）の定義は次の通りである。

「カウンセリングとは、情緒的問題をもつひとびと、基本的に自らの生き

第 11 章　こころの病とその癒し（心理療法）

方に問いをなげかけているひとびと（意識的・意図的であろうと、あるいは無意識・無意図的であろうと）、それは子ども、青少年、成人、老人を問わないのだが、そのひとびとに対する、心理的コミュニケーションを通じて援助を与える人間の営みである」

次いで、國分康孝（1996）は、カウンセリングとは、「①問題解決の援助と②人格成長の援助のいずれかを主目標にした人間関係」と定義している。

この他のさまざまな定義もふまえてまとめてみると、カウンセリングとは、次のように定義できるだろう。すなわち、カウンセリングとは、心理臨床の専門家で、相談を受ける人（カウンセラー：counselor）と相談する人（クライエント：client）がコミュニケーションをしていき、その中でカウンセラーが、クライエントに対して自らの力で心理的問題を解決できるよう援助し、成長を支えていくことである。単純に、カウンセラーが、クライエントに対してあれこれ助言をすることでないこともわかっただろう。

2　「カウンセリング」と「心理療法」とは

ところで、「カウンセリング」の他に、「心理療法（psychotherapy）」という言葉を聞いたことがあるだろう。違いは何だろうか。実は、両者は明確に区別されておらず、さまざまな意見がある（國分、1997・沢崎達矢、2000）。それらをまとめると、「カウンセリング」は、日常生活で誰もが遭遇する問題についての教育・予防・解決といった援助を指し、相談者の心理的成長を援助

図 11-1　カウンセリングと心理療法の違い

することに主眼がおかれ、主に言葉を用いて行なわれるものをいう。一方、「心理療法」は、個人の心理的問題の治療を指し、言葉だけでなく、時には絵画や音楽などを用いて治療が行なわれ、カウンセリングよりも治療という側面が強いものをいう（図11-1）。以下では、まずカウンセリングについて触れ、次の第3節で、さまざまな心理療法について触れる。

3 カウンセリングの方法、効用

カウンセリングの形態で一般的に多いのは、カウンセラーとクライエントと1対1で行なわれるものであるが、その他に、集団で行なう集団療法や家族が集まって行なう家族療法などもある。場所は、クライエントが安心して話せ、秘密が守られる面接室で行なわれる。面接時間はだいたい50分くらいである。面接回数は、人によって異なり、1回で終わる場合もあれば、週1回のペースで長期間行なわれる場合などもある。

カウンセリングの方法についても、さまざまな理論があるので、以下では、最も代表的なロジャースのクライエント中心療法（C. R. Rogers, 1966）を取り上げて紹介しよう。

カウンセリングでは、まず、カウンセラーは、とにかくクライエントの話に耳を傾けてじっくりと聴いていくことを重視する。しかも、ただ聴くのではなく、クライエントの喜びや痛みなどをあたかも自分のことのように感じ取りながら聴く。こうして、カウンセラーとクライエントがコミュニケーションを行なっていくと、信頼関係が築かれていく。これを、ラポール（rapport）という。カウンセラーの聴く態度やラポールに守られて、クライエントは、自分が受容されているという安心感を得ることができ、自分の内面を深く見つめるようになっていく。そして、徐々にクライエント自らがよりよく生きる方向へ成長していく。これを自己実現傾向（self actualization）という。

さらに、クライエント自らが自分の力で問題を解決する力が発揮されていき、その力は日常生活の中でも発揮され、自分でさまざまな問題を乗り越え

第 11 章　こころの病とその癒し（心理療法）

ることができるようになっていく。これらが、カウンセリングの効用であり、こうしてカウンセリングは終結となる。

4　実際にカウンセリングを受けるにはどうしたらよいか

心理的な課題があるという人や、身近な人に相談しても、自分で考えても解決できず、どうしたらよいかわからないことがある場合には、それを放っておかずに、こころの専門相談機関を利用するというもの1つの方法である。

表 11-5　青年期以降の者を対象とした専門機関（日本臨床心理士会編、2005 をもとに筆者が作成）

分野	専門機関名	対象となる問題	関連スタッフ
医療	総合病院（精神科他）精神科クリニック	神経症 心身症 発達上の問題 その他	医師 看護師 臨床心理士 作業療法士　など
医療	精神病院	統合失調症 躁うつ病 アルコール障害 その他	医師 看護師 臨床心理士 作業療法士　など
福祉	精神保健福祉センター	統合失調症 躁うつ病 アルコール障害 その他	医師 看護師 臨床心理士 作業療法士　など
大学研究	保健管理センター	適応上の問題 心身症 神経症　など	医師 臨床心理士 大学教員　など
大学研究	学生相談室	適応上の問題 その他	臨床心理士 大学教員　など

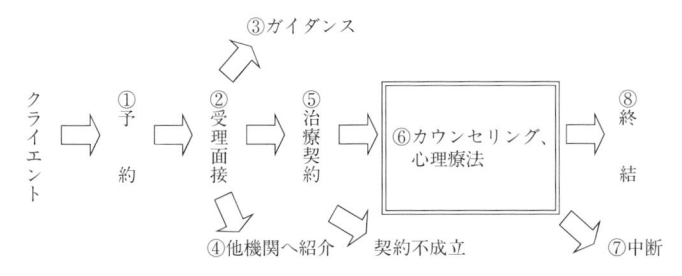

図 11-2　専門機関での援助のプロセス（川瀬正裕ら、1996 をもとに筆者が作図）

クライエント → ①予約 → ②受理面接 → ③ガイダンス
②受理面接 → ④他機関へ紹介
②受理面接 → ⑤治療契約 → ⑥カウンセリング、心理療法
⑤治療契約 → 契約不成立
⑥カウンセリング、心理療法 → ⑧終結
⑥カウンセリング、心理療法 → ⑦中断

表11-5は、青年期以降の者を対象としている専門機関を示している。各機関によって、対象となる問題や治療費なども違うので、利用したい人は、よく検討し、まずはその機関に電話連絡などをしてみるとよいだろう。中にはどこの機関に行けばいいのかまったくわからない人もいるだろう。その場合は、精神保健福祉センター（公的機関で、都道府県に1カ所はある）に連絡し、自分の状況などを話すと、適切な専門機関を教えてもらうこともできる。

　図11-2は、専門機関での典型的な援助のプロセスを示している。ほとんどの相談は、予約制をとっているため、まず電話などで予約を入れることが必要となる。続いて、その専門機関で援助が可能かどうかや今後の方針を決定するための面接（「受理面接」という）を行なう。その際に、落ち着いて自分の状況などを話せるように、図11-3のようなメモをあらかじめ作っておくのも便利だろう。そして、カウンセリングや心理療法を行なうことになった場合は、今後の方針や面接頻度や料金などについて話し合いが行なわれ、治療契約をする。こうして、実際にカウンセリングや心理療法を行なうことになる。

①相談したいことは何か
　　（例）勉強がまったく手につかない。何にも集中できず、とても気分が落ち込んでいる。
②いつ頃から、どんな症状（状態）がみられ、現在どのように困っている（気になる、苦しい）のか
　　（例）3カ月前頃から。大学にも行く気力がなくなり、休みがちになっている。もうすぐ大学4年になるので、とても困っていて、何とかしたい。
③何かきっかけなど思い当たることはあるか
　　（例）将来の進路や卒業のことを考えたりしていて、まわりの友達から遅れをとっている気がした。それがきっかけで、どんどん気分が落ち込んでいった気がする。

図11-3　自分の状態を整理したメモ

第11章 こころの病とその癒し（心理療法）

3 さまざまな心理療法

1 心理療法の紹介

心理療法は、心理療法を行なう者の数だけあるといわれるほど多く、実際には100を超える種類が存在するといわれている。その中で、代表的な治療法というと、次の5つが挙げられよう。①精神分析療法、②行動療法、③クライエント中心療法、④芸術療法、⑤認知行動療法である。以下で、これらについて具体的にみていくことにしよう。

ところで、どの心理療法でも、その療法を行なう者を「セラピスト」と呼ぶ。一方、相談者のことは、カウンセリングと同様「クライエント」と呼ぶ。心理療法を行なう際の形態やプロセスは、カウンセリングとほぼ同じであり、必ず守秘義務、インフォームド・コンセントなどの倫理上の問題がしっかりと守られた安心できる場において行なわれるものでなければならないとされている。

1）精神分析療法

精神分析療法は、フロイト（S. Freud）によって創始され、精神科医として、1890年代当時ヒステリーと呼ばれていた神経症を治療していて構築されていった。特に、「無意識」というものの存在を仮定したのが特徴である（S. Freud, 1970）。

無意識とは、気づかないようにする力（「抑圧」という）が働いているために努力しても気づきにくいこころの部分をいい、乳幼児期の不快な経験などが閉じ込められていると仮定した。そして、不適応行動や精神的症状の背景にある、無意識に抑圧された欲求や感情や葛藤などを意識化し、抑圧を解除することが治療の目的

図11-4 フロイトが自由連想法に用いていた寝椅子（前田重治、1985）

と考えた。

具体的な技法は、「自由連想法」である。これは、クライエントが、カウチと呼ばれる寝椅子に横になり、こころに浮かぶことをすべてセラピストに語るという技法である（図11-4）。

1セッションは40分〜50分であり、週4、5回行なう。これを数年続け、パーソナリティの変容を図っていく。ただし、この技法は、時間的にも経済的にもクライエントの負担が大きいため、実際に行なうには限界がある。

そこで、現在は、この技法を簡便化した「精神分析的心理療法」が開発されている（R. Langs, 1998）。この技法は、クライエントとセラピストとが90度の角度になるような配置で座り、週1回〜3回の面接を行ない、日常で今起こっている問題の解決を治療目標とするというように改良されたもので、教育現場で活用され始めている。

2）行動療法

行動療法とは、ウォルピ（J. Wolpe）やアイゼンク（H. J. Eysenck）らによって、学習理論や行動科学の成果を治療に応用して作られた技法で、日本では、1960年代以降に盛んになった（内山喜久雄・田上不二夫、1976）。

行動療法では、不適応行動も適応的な行動と同様に、特定の状況のもとで学習された結果と考える。よって、学習訓練によって、不適応行動を消去し、それに代わる好ましい行動を新たに形成するような働きかけを行なうことが治療の目的と考える。

その具体的な技法はさまざまあるため、ここでは、代表的な技法である「系統的脱感作法」を紹介しよう。

「系統的脱感作法」は、古典的条件づけの理論を応用したものである。1958年にウォルピによって開発され、過剰な恐怖・不安などの消去に適用されている。特に、不安がある時に人は、心身共に緊張し、リラックスできないが、逆に、心身共にリラックスしている時は、不安反応が起きにくいという原理を用いる。

具体的なやり方は、まず、①筋弛緩を得るための訓練を行なう。次に、②

第 11 章　こころの病とその癒し（心理療法）

表 11-6　対人恐怖の治療での不安階層表の例

段階		不 安 場 面
↑不安小	0	家で家族と食事をしている。
	1	親しい友達と電話で話している。
	2	友達2、3人と話している。
	3	友達と1対1で向かい合って話している。
	4	先生と1対1で向かい合って話している。
	5	授業中に名前を呼ばれて、返事をする。
	6	大勢の学生がいる教室の中に入る。
不安大↓	7	大勢の学生の前で、自分の意見を言う。
	8	同年齢の異性と話している。
	9	大学のキャンパス内で、学生が大勢いる所を通る。
	10	サークルなどの集まりで、自己紹介をする。

不安や恐怖を生じさせる対象や場面を明らかにし、不安や恐怖の程度を弱いものから強いものへ順に並べ、不安階層表を作る（表11-6）。③リラックスした状態になって、不安階層表の中の不安の弱い場面を、不安や恐怖を感じなくなるまで繰り返しイメージする。④順に、不安や恐怖の強い場面をイメージしていき、最終的に不安や恐怖を克服していくというものである。

このように、行動療法は、自分で自分の行動や認知を適切なものに修正することができ、かつ、行動や認知は観察可能なため、自分の変化を自分で確認できるという長所がある。

3）クライエント中心療法

クライエント中心療法は、「精神分析療法」を非人間的で形式的なものととらえ、「行動療法」を科学万能主義と批判し、ヒューマニズムの理念をもとにして1940年代以降にロジャースが確立していった技法である。この療法は、厳密には心理療法と位置づけられるのだが、一般的にはその技法の特徴から「カウンセリング」という位置づけで定着しており、本章でもカウンセリングの技法として、第2節で紹介したので、詳細はそちらを見てほしい。

この療法は、日本の心理臨床現場や教育現場に広く普及している。しかし、

「ただ聴いているだけ」「何でも受容し、指導や指示をしない」という技法面だけが誤解を伴った形で浮き彫りにされ、現在では、役に立たない技法という批判や、この技法は古いという指摘もあるほどである。しかし、その理論・技法は、どの療法を行なう際にも基礎的なものとして大変役立つため、学ぶ意義は十分あるといえよう。

4）芸術療法

芸術療法とは、絵画、音楽、箱庭など、さまざまな自己表現の手段を心理療法に導入したものである。このような言葉以外の手段を用いて自己表現をしていくと、不安や葛藤や衝動などが発散、解放され、同時に、心が癒されていくと考える。

具体的な技法に、絵画で自己表現する絵画療法（図11-5）や、雑誌などを切り貼りして自己表現するコラージュ療法（図11-6）、砂箱の中に人形などを置いて自己表現する箱庭療法（図11-7）がある。現在では、音楽療法、詩歌療法、陶芸療法、ダンス療法など、さまざまなものが開発され、発展し続けている。

5）認知行動療法

認知行動療法は、近年、急速に実用されてきた心理療法であり、うつ病などの治療に適用されている。前述の行動療法には、顕著な治療効果が見られる一方で、再発率が高いという問題が出てきた。そこで、行動のみならず、

図11-5　絵画療法の例　　　　図11-6　コラージュ療法の例

思考過程にも焦点を当てて行動変容を試みていく治療技法としてこの療法が開発された。具体的な技法は、認知療法や論理療法、問題解決療法など非常に多数存在しており、研究者によって、どこまでを認知行動療法に含むかは意見が分かれている。

図 11-7 箱庭療法の例

　どの技法でも、異常行動や不適応行動は、外からの刺激を処理する過程での「認知のゆがみ」が原因と考えることが特徴である。認知のゆがみとは、たとえば、自分に対する否定的な見方（「私はダメな人間だ」）、世間に対する否定的な見方（「誰も私のことをわかってくれない」）などである。このような非機能的な認知に自分で気付くようにし、これまでの適応的でない思考を適応的思考と置き換え、認知や行動を修正していくのが治療の目的である。

　たとえば、ベック（A. T. Beck）による認知療法を簡単に紹介する。彼はうつ病の治療技法としてこの療法を開発した。彼は、うつ病の人が、自分、世界、将来に対して悲観的な見方をすることや、人間のいくつかの感情状態と思考過程には関係があることに気付き、このような自動思考とスキーマ（信念体系）を修正していくという治療を行なった（表 11-7）。

表 11-7　感情状態と思考過程との関係（岩本隆茂ら、1997 をもとに筆者が作成）

感情	認知内容	症状群	行動
悲しみ	喪失	抑うつ	萎縮
喜び	獲得	躁	拡張
恐怖	危機	不安	退却
怒り	不当な仕打ち	妄想	攻撃

2　現状と課題

ところで、このように多々ある心理療法のうち、どの療法が一番効果的なのだろうか。各心理療法の治療効果を調べたところ、実は、少数の例外を除いて、あまり差がみられないといわれている（平木典子・袰岩秀章、1997）。つまり、一番効果的な心理療法というものはないし、かつ、1つの療法だけではクライエントの問題に対応できないことも明らかになった。

むしろ、治療の効果を左右するのは、クライエントのモチベーションなどであることが明らかとなってきた。そのため、現在では、1つの心理療法に限定してクライエントを支援するのではなく、各心理療法の特徴や課題を十分理解し、統合的に利用して、1人1人のクライエントにとって効果的な心理療法を行なうようになっている。よって、心理療法を受ける側も、ある心理療法を受けることを求めるのではなく、セラピストと話し合いながら、自分に問題に合った心理療法を受けるようにするとよいといえよう。

推薦図書

窪内節子・吉武光世（2003）『やさしく学べる心理療法の基礎』培風館
日本臨床心理士会編（2005）『臨床心理士に出会うには（第3版）』創元社
野田文隆（2004）『間違いだらけのメンタルヘルス』大正大学出版会
佐治守夫（1966）『カウンセリング入門』国土社
吉川武彦監修（2001）『図解症状からわかるこころの病気』法研
吉武光世・久富節子（2001）『じょうずに聴いてじょうずに話そう―カウンセリング・マインドとコミュニケーション・スキルを学ぶ―』学文社

第12章

心理学を役立てる

1 日常生活と心理学

　心理学の知識（理論や技法）を、私たちの日常の生活に役立つような生きた知識として活用するための、いくつかの例を紹介する。そこでまず、表12-1のような組み合わせを想定する。表中に理解の対象として「個人の理解」とあるのは、その知識が誰にとって役立つのかを示しており、自分自身および他者を含むその人物を理解するために役立つ知識の例である。

　「関係の理解」は、人間は集団の中で他者と関係しながら、相互に影響を与えつつ生活しているので、そのような関係性の理解に役立つ知識を紹介する。一方生活の領域は、家族、学校、職場という3つの基本的な領域を想定する。

　これらの組み合わせによって、たとえば、学校という生活領域における人間関係、特に友人関係を理解することが、関係をよりよいものとする、ある

表12-1　生活に活かす心理学の知識の例

生活の領域 理解の対象	家　　族	学　　校	職　　場
個人の理解	アドラー心理学	エリクソンの ライフサイクル論	平木の 自己主張訓練法
関係の理解	ボウエンの家族療法	サリヴァンの 対人関係論	バーンの交流分析

いはトラブルを解決するための生きた知識として活用できるものとなる。

1　家族における個人の理解

アドラー（A. Adler）の心理学は、個人心理学ともいわれるが、ライフスタイルという独特の用語で個人の性質を理解しようとする。それは、性格とかパーソナリティという用語とほぼ同じ意味を持っていると見なされ、家族の中でほぼ幼児期（3歳から6歳未満）に相当する時期に形成される。その過程でアドラーが重視するのは、両親の影響よりもむしろ兄弟姉妹からの影響である。幼児は、両親の注目を求めて、兄弟姉妹と競争しながら家族の一員としての自分の居場所を見つけ出さなければならないのである。

アドラーは、子どもそれぞれの出生順位が、ライフスタイルの形成に影響すると考えている。たとえば第1子は、ある期間は一人っ子であり、両親の注目を一身に集めている。しかし、第2子の誕生でその特権を奪われ、そのため第2子を憎むようになったりもするというのである。ただし、アドラーが注目するのは、現実の出生順位そのものではなく、その子どもによって認知されている兄弟姉妹の中での立場である。そして、個人のライフスタイルを知るために、特に幼少期（10歳以下）のエピソード記憶と、性格検査ではTAT（主題統覚検査）が用いられる。

2　家族における関係の理解

ボウエン（M. Bowen）の家族療法の理論では、「自己分化度」という概念が重視される。これは、人間が知性と感情から成り立っているという考えのもとに、この2つの機能がどの程度分化しているかを表わしている。その対極が融合であり、家族における人間関係の自律性と依存性の程度を表わすものである。そして、自己分化度の低い、すなわち感情的にべったりとした家族の状態を「未分化自我集塊」と呼んでいる。

このような分化度の低い、また不安の強い家族の中では、個別性は失われ、お互いに違いはないかのような強い感情的結びつきが維持される。何らかの

ストレス状況にさらされた時、このような家族では感情的な反応だけが増幅され、知性的な問題解決に至ることはできなくなってしまうのである。そして、両親の自己分化度が低い場合、その子どもの自己分化度も低くなる可能性が指摘されており、この関係は幾世代にもわたって受け継がれていくと考えられている。

その過程を明らかにするため、ジェノグラム（家族関係図）と呼ばれる、少なくとも3世代以上すなわち祖父母、両親、子どものつながりを描写した図が利用される。その中で、「べったり一体」、「べったりで仲たがい」のような親密性や葛藤関係などの家族の相互関係が理解されるようになる。

3　学校における個人の理解

エリクソン（E. H. Erikson）のライフサイクル論によれば、学校生活を過ごす時期は、学童期および青年期である。学童期は小学生の時期に相当し、そこで個人が身につける性質は勤勉性であるとされる。すなわち、学業に必要とされる基本的な認知的技能が習得されなければならない。

また、男の子・女の子としての性役割に同一化することも必要とされる。そして、このような課題を達成できなかった子どもは、劣等感を発達させると考えられている。その次の段階である青年期は中学生から高校生の時期に相当するが、この時期に同一性を確立することが課題とされる。その反対の状態が同一性拡散であり、本当の自分がわからないという不確実な感覚を抱くことになる。

同一性の獲得にはかなりの試行錯誤の時間を必要とするので、心理社会的モラトリアム（猶予期間）が与えられるのである。このような同一性の状態を理解するために、マーシャ（J. E. Marcia）は自我同一性地位という考え方を提案し、それに基づく同一性地位判定尺度が開発されている。

4　学校における関係の理解

サリヴァン（H. S. Sullivan）の対人関係論では、仲間体験（chumship）が強

調されている。それはおよそ小学校高学年の時期における同性の仲間との体験の様式であり、合意による確認 (consensual validation) が行なわれる。たとえば、仲間のことばづかいを覚えて、自分でもそのことばを使ってみて、仲間の反応をうかがい、合意が得られなければ修正されることとなる。

　これと関連して、保坂亨・岡村達也 (1992) は集団の発展段階の理論の中で、チャム・グループという段階を挙げている。中学生でよくみられる仲良しグループであり、クラブ活動や趣味などで結びつき、お互いの共通点や類似性を言葉で確かめ合い、その結果として体験の共有が進められる。このような仲間との合意による確認の体験が欠如すると、共通する体験であっても自己の認識と他者の認識が一致せず、その後の対人関係やコミュニケーションにゆがみを生ずることにもなると考えられている。

5　職場における個人の理解

　職場で自分の意見を率直に表現することは誰にとっても難しく感じられるようである。自己主張訓練法（またはアサーション・トレーニング）は、単に自分の言いたいことを言うのではなく、相手の立場を尊重しつつ、率直で素直な自己表現を行なうための訓練であり、日本では平木典子によって集大成され、現在では企業研修をはじめ広く活用されている。

　たとえば、子どもの誕生日に、上司から突然残業を指示された時、帰宅するためのいいわけを言う、というような具体的な状況を設定して訓練は行なわれる。言いたいことを言えないのは「非主張的自己表現」、自分の主張を押しつけるのは「攻撃的自己表現」とすれば、自他尊重の自己表現を「アサーション」と呼んでいる。自分の権利は自分で守りながら、同時に相手の権利を認めた主張を伝えようとすることが、この訓練の基本的な考え方である。意見の衝突はしばしば起こることであるが、率直な話し合いによって調整をはかり、結論には責任を持つことができるのであれば、職場でのストレスもいくらか軽減されるのではないだろうか。

6　職場における関係の理解

バーン（E. Berne）の交流分析（TA）は、性格およびコミュニケーションの理論であるが、職場（集団）における対人関係の改善のための実践的な技法という側面を持っている。集団療法としては、その第2段階で「やりとり分析」が行なわれるが、2人の人物の具体的なトランザクション（やりとり）を分析することによって、交流パターンの改善がはかられる。その前提となるのが個人の「自我状態」であるが、2人が対応する自我状態で触れ合う関係が「相補的交流」であり、望ましい交流のパターンと見なされる。

これに対して、2人が異なる自我状態で触れ合う関係が「交差的交流」、表面的な交流と暗黙の動機を含む交流が同時に進行する場合が「裏面的交流」であり、トラブルのもととなる交流のパターンと見なされる。特に、表と裏というような2重構造の交流のパターンが習慣となっている場合に、それをやめるための自己訓練を行なうことが、職場でのコミュニケーションを円滑にすると考えられる。

2　心理学が活かせる仕事

心理学は人間を対象とした学問であり、その知見は実生活の中で多く活かすことのできるものである。特に仕事との関連では、心理学を直接的に活かすカウンセラーや相談員といったものが思いつくかも知れない。しかし、現代社会にあって、仕事をする際にまったく単独で何かを遂行していくことはほとんどないといえる。どのような仕事であっても、複数の人間が協同することによってなりたっている。

したがって、仕事に関する専門的な知識や技術が必要ではあるが、仕事をうまく進めていくためには、人間に関する知識が重要である。このような観点に立つと、どのような仕事においても心理学が活かせるということになるが、以下では、特に心理学が活かせる仕事の代表的なものを取り上げてみたい。

1　心　理　職

　心理学が活かせる仕事としてはじめに取り上げるのは、心理職と呼ばれる公務員の仕事である。国家公務員の場合では、正式な職群としての心理職というのはないが、法務教官や矯正心理専門職、保護観察官が「法務省専門職員（人間科学）採用試験」の対象となり（2012年度より）、そのイメージに近いと思われる（http://www.moj.go.jp/jinji/shomu/jinji05_00014.html）。

　法務教官とは、少年院、少年鑑別所に勤務し、非行をした少年に対してその更生、社会復帰のための矯正教育に携わる（http://www.moj.go.jp/kyousei1/kyousei_kyouse12.html）。

　矯正心理専門職とは、法務技官（心理）と呼ばれ、少年鑑別所や刑務所などに勤務し、収容者に対して面接や心理検査を通して心理的な鑑定やカウンセリングを行う仕事である（http://www.moj.go.jp/kyousei1/kyousei_kyouse15.html）。

　保護観察官とは、犯罪をした人や非行のある少年が社会の中で自立できるよう、その再犯・再非行の防止と社会復帰のための指導や援助を行う仕事である（http://www.moj.go.jp/hogo1/kouseihogoshinkou/hogo02_00024.html）。

　これらの仕事に就くためには、上記の採用試験に合格することが必要である。

　また、国家公務員採用試験とは別に、最高裁判所が実施している裁判所職員採用総合試験（人間科学区分）による家庭裁判所調査官も心理職といえるだろう。家庭裁判所調査官とは、家庭内の問題（離婚、親権、遺産相続など）についてその背後にある人間関係などの要因について調査を行ったり、少年の非行事件では、その動機や生育歴、環境などの要因を調査する仕事である。この仕事に就くためには、上記の試験（http://www.courts.go.jp/saiyo/index2.html）に合格し、家庭裁判所調査官補として採用された後、2年間の養成期間を経ることが必要である。

　いずれにしろ、2012年度より新しい国家公務員採用試験制度に変更されているので、受験を考えている人は最新の情報をホームページなどで慎重に確認してほしい。

第12章 心理学を役立てる

　地方公務員の場合では、保健所、児童相談所、障害者施設、病院などでの相談業務や心理判定の仕事を一般的に心理職と称している。たとえば東京都の場合では、専門的な職種として「心理」があり、その業務内容は「福祉施設における相談業務、心理判定・心理治療、障害者手帳の判定・交付等に携わります。また、都立病院において、患者さんのカウンセリング等を行います。」(http://www.saiyou2.metro.tokyo.jp/pc/2014/recruit/job.html より) となっている。主な配属先としては、「児童相談所、児童福祉施設、都立病院など」(同ホームページアドレスより) である。この仕事に就くためには一般的に地方上級職に区分される公務員試験もしくは専門職採用試験に合格する必要がある。しかし、自治体によって、求められる資格や試験区分や試験内容、さらには業務内容についても異なるので、受験しようとする自治体のホームページなどでよく確認してほしい。

2　教員・コーチ・トレーナー・インストラクター

　かなり一面的なとらえ方になるかもしれないが、学校教育の教員はもとより、インストラクターやコーチと呼ばれる仕事は、ある分野における知識や技術を教えることである。この教えるという仕事は、学校教育・趣味・ビジネス・スポーツなどありとあらゆる分野に存在する。たとえば、一般的な企業の場合、先輩社員が後輩を指導することは正式な業務として規定され、人事評価の対象となっていることが多い。つまり、コーチやトレーナーなどの肩書きを持たなくても人に物事を教えるという機会は多く存在するのである。まして、これらの仕事に就こうと思うのであれば、その分野に関する深い専門知識があるだけではなく、学習心理学をはじめとする教え方の知識が必要であることはいうまでもない。

　幼稚園・小中高等学校教諭の仕事に就こうとする場合は、短大・大学で所定の単位を修得し免許状を取得したうえで、各都道府県および私立学校が行なう採用試験に合格することが必要である。また、小学校教員へは小学校教員資格認定試験（文部科学省ホームページ　http://www.mext.go.jp/）が実施され

ており、一般社会人から小学校教員への転職が可能である。

　スポーツや芸術の分野においてその道のプロとなり生活していくことができるレベルに達する人はごく一部である。その人たちも現役を退けばコーチや指導者となる。多くの場合は、スポーツや趣味・芸術分野において指導者やコーチとなるためには、当該分野において何かしらの実績が必要となる場合が多い。その実績を持ったうえで、各協会が必要な研修や試験を課しコーチや指導者の資格を認定している。プロスポーツまたは競技としてのスポーツではなく、一般的なレクリエーションや体育としてのスポーツ分野に関する指導者の資格としては、地域スポーツ指導者や少年スポーツ指導員などの資格を、日本体育協会（http://www.japan-sports.or.jp/）が認定している。アメリカの大学では、コーチング（coaching）が学問として一分野を形成しており、科学的な指導ができるコーチを育成している。

　ビジネスの分野におけるコーチやトレーナーの仕事に必要な資格を1つ紹介しよう。ビジネスの場面においてコンピュータの使用は当然のこととなっている。特にワープロソフトや表計算ソフト、電子メールが使えないと仕事ができない状態になるといっても過言ではない。このワープロソフトや表計算ソフトの事実上の標準はマイクロソフト社の「ワード」「エクセル」ということになろう。これらのソフトに関する資格が、マイクロソフト社が認定する「MOS（マイクロソフトオフィススペシャリスト）」（http://www.microsoft.com/ja-jp/learning/default.aspx）である。ワード、エクセルを含むOffice製品を活用できることを証明するという資格である。

3　コンサルタント

　コンサルタントとは、専門的な助言を与えることで、顧客が抱えている問題を解決するための支援をする仕事を指す。具体的には、法律に関しては弁護士や司法書士、財務や税金、資産運用に関することであればファイナンシャルプランナーや税理士、企業経営に関することであれば経営コンサルタント、医学的なことに関することならば医者、ということになる。当然ではあ

第12章　心理学を役立てる

るが、当該分野に関する深い知識や資格が必要である。しかし、顧客の要望や希望を的確に把握し、それに適した解決策を提案するには、非常に高いコミュニケーション能力が必要であり、場合によってはカウンセラー的な能力も求められる。これらの仕事においては、仕事の遂行に直接的に心理学が役立つというよりも、より質の高い仕事をするために心理学が役に立つということになろう。

弁護士になりたい場合は、司法試験 (http://www.moj.go.jp/shikaku_saiyo_index.html) に合格し、その後司法修習生として司法研修所で1年6カ月の研修を経なければならない。受験資格は特にないので、法学部出身者でなくても受験できる。

司法書士とは、不動産を収得したり、会社を設立したり、裁判の訴訟や調停の手続きをしたりと、法律関係の業務手続きを代行する仕事である。弁護士よりも身近な法律の専門家といえる。司法書士試験（司法試験と同じ）も受験資格は特になく、誰でも受験できる。

税理士とは、税金の申告・申請の代理や関連書類の作成を企業や個人の代わりに行なったり、税務に関する相談に応じる仕事である。財務的側面からの企業経営のコンサルテーションを行なったりもする。税理士になるためには、税理士試験 (http://www.nta.go.jp/sonota/zeirishi/zeirishishiken/zeirishi.htm) に合格する必要がある。

ファイナンシャル・プランナーとは、主に個人顧客の財務や資産運用に関するプランの作成とその実行を手助けする専門的な仕事である。金融商品に関する知識はもちろん、1人1人の顧客にあったプラン作成を行なうために、顧客との深い信頼関係を築く必要がある。試験などの情報は日本ファイナンシャル・プランナーズ協会のホームページを参照すること (http://www.jafp.or.jp/)。

経営コンサルタントとは、まさに企業経営に関するコンサルテーションを行なう仕事である。この仕事に就くためには、資格など何も必要ないが、継続してコンサルティングの仕事をしていくためには勉強し続けることが必要

である。一般的にはコンサルティングファームと呼ばれる企業に就職し、実績を積むこと、また同時に、大学院で経営学修士を修得することが必要であろう。さらに、中小企業診断士の資格を取ることも考えられる。試験および認定は社団法人中小企業診断協会 (http://www.j-smeca.jp/) によって行なわれ、経営コンサルタントの分野では唯一の国家資格である。

　カラーコーディネーターとは、色彩によって引き起こされる人間の感情や行動を巧みに利用して、人に対する印象をコントロールしたり、購買行動を引き出したりするために、色彩に関する専門的な助言を行なう仕事である。その仕事の範囲は、個人のファッションから、接客や販売に関すること、商品開発、店舗や公共施設の建築、街づくりに至るまで、広範囲におよぶ。そのため、必要とされる知識も色彩心理学はもちろん、経営や商品開発、マーケティング、建築、公共政策と多岐にわたるものである。試験情報は東京商工会議所のホームページ (http://www.kentei.org/color/index.html) を参照のこと。

4　その他

　これまで、心理学を直接の仕事とする公務員の心理職、教えることを仕事とする教員やコーチ、各種の相談を受けたり提案をするコンサルタントという区分の仕方で、心理学を活かすことができる仕事や資格を紹介してきた。主として対人場面が中心となる仕事を紹介してきたが、ここでは対人場面以外での心理学の知見が活かせる仕事を紹介する。

　ホームページ作成検定 (http://goukaku.ne.jp/test-home.html) は、インターネットのホームページ作成に関する資格や検定である。これらの資格がないと仕事ができないというわけではないが、技術レベルの証明になる資格である。ホームページの作成は人間の認知に関する深い理解と技術的な専門知識、さらには美的センスが問われる難しい仕事である。この仕事に挑戦する人は認知心理学・認知科学の勉強を怠らないでほしい。

　統計士およびデータ解析士は、財団法人実務教育研究所 (http://www.

jitsumu.or.jp/）が認定している資格である。この資格がないと調査やデータ解析の仕事に就けないということではない。しかし大学院進学を考えている心理学の学生がさらに統計学の勉強をしたいというニーズや、社会調査の仕事をしてみたいという人のニーズに応えるものとしては唯一のものであろう。

はじめに記述したように、心理学はどのような仕事にも活かせるものである。そういう意味では、今だけでなく社会に出てからも仕事の専門性を高めると共に、心理学も学び続けてほしい。

3　心理学に関わる資格

　前節までにみてきたように、心理学は生活や仕事の場面で多種多様に活用されている。このようにしてみてくると「専門家」でなくとも十分に心理学を役立てていけることを理解していただけたと思う。しかし、そうはいっても心理学を学ぶからには、「やっぱり心理学を専門とした職業に就きたい」と考える学生も多いのではないだろうか。そうした時に心理の専門職として活動していくにはどのような資格が必要となるだろう。
　現在、心理の資格は民間機関を含めると選択に迷うほど多くの資格が発行されており、すべてを紹介することは不可能に近い。そこで、ここでは、社会的に認知度の高い主に心理臨床に関連する4つの資格を紹介し、心理の資格について考えてみたい。

1　臨床心理士

1）資格の概要

　臨床心理士は、財団法人日本臨床心理士資格認定協会（以下、認定協会と記す）が認定する資格で、主に臨床心理学の知識や技術を用いた心理的援助活動を目的としている。
　認定協会（2004）は、その仕事の内容として4本の柱を挙げている。すな

わち、臨床心理査定、臨床心理面接、臨床心理的地域援助、調査・研究である。

まず、ここで挙げられている臨床心理査定とは面接、観察、心理テストなどを用いてクライエントの状態や問題の所在を把握し、今後の援助の方向性を見出す（見立て）ことである。

一方、臨床心理面接とはクライエントのこころの問題の改善や心理的成長を促す営みであり、各種の心理療法やカウンセリングがここに含まれる。

臨床心理査定や臨床心理面接がもっぱら個人への働きかけを中心とするのに対し第3の柱である臨床心理的地域援助は個人を取り巻く環境（家庭、学校、職場、地域社会など）に働きかけ、こころの問題の予防・援助・社会復帰などをサポートしていこうとするものである。被災者、犯罪被害者への支援、子育て支援、社会的支援システムづくりなど、その活動の領域は多岐にわたる。

最後の調査・研究は前述の3つの柱について臨床心理士が得た経験や知見を科学的に検討し、専門性の維持・向上をしていくことで自らの経験を公共性のあるものに構築していこうとするものである。その方法としては臨床心理学において主流となっている事例研究や内省的研究のみならず、統計的（調査）研究や実験などの基礎的な研究法も必要とされる。

このように、臨床心理士の仕事はこころに問題を持った人のケアにとどまらず、その予防からリハビリ、さらに個人を取り巻く環境（地域）への働きかけや研究と広い範囲にわたる。複雑化、多様化する現代社会においては「こころの専門家」の必要性が求められるようになり、臨床心理士の社会的認知も高まっている。こうした背景をもとに、臨床心理士は現在最もポピュラーな心理の資格の1つといっていいだろう。

2）臨床心理士の職場

こころの専門家が対象としているのが子どもから大人まで幅広いことから、臨床心理士の職域も自ずとさまざまな領域にわたることとなる。臨床心理士はどのような場所で、どのような活動を行なっているのだろうか。認定協会

第 12 章　心理学を役立てる

表 12-2　臨床心理士の職域（認定協会 HP より）

分　野	職　場
教　育	学校内の相談室、教育センター、各種教育相談機関など
医療・保健	病院・診療所（精神科、心療内科、小児科、その他）、保健所、精神保健福祉センター、リハビリテーションセンター、市町村の保健センターなど
福　祉	児童相談所、療育施設、心身障害者福祉センター、女性相談センター、障害者作業所、各種福祉機関など
司法・矯正	家庭裁判所、少年鑑別所、刑務所、拘置所、少年院、保護観察所、児童自立支援施設、警察関係の相談室など
労働・産業	企業内相談室、企業内健康管理センター、安全保健センター、公立職業安定所（ハローワーク）、障害者職業センターなど

がホームページで職域として紹介している現場をまとめたのが表 12-2 である。

　ここに示されるように、臨床心理士の職域は幅広く、それぞれの現場に即した心理的援助を行なうこととなる。

　教育の分野では発達や学業上の問題、学生の日常生活での心の悩みなどに対する相談、本人はもちろん必要に応じて親との面接や教師へのコンサルテーション（専門的助言、以下同様）なども行なう。

　医療・保健領域では、精神病や心因性の疾患を持った患者を対象に心理テストや心理療法、カウンセリング、保健の現場ではこれらに加えて発達相談やデイケアスタッフとしての活動が含まれる。

　福祉の領域では子どもから高齢者、また障害者や非行も含めて、それぞれの福祉サービスに対応した心理的援助や地域に対する啓蒙的な情報提供などを行なうこととなる。

　司法・矯正の分野では矯正に向けての面接はもとより、心理テストや調査も重要な仕事である。

　労働・産業の分野ではメンタルヘルスに関する相談のみならず組織、職場へのコンサルテーション、職業適性の調査などが仕事となる。

　このような従来の職域の他にも、たとえば教育現場ではいじめや不登校、

引きこもりなど児童・生徒の問題も深刻化してきていることから、スクールカウンセラーや適応指導教室といった活動の場もみられるようになった。また、被災者、犯罪被害者、子育て支援など比較的新しい視点での心理的援助の要請も高まっている。このように変化の激しい現代社会において臨床心理士には社会情勢の変化にも柔軟に対応できる援助が求められている。

3）資格の取得方法

これから臨床心理士の資格を取得するためには、認定協会の指定する大学院の、同じく認定協会の指定する臨床心理学系専攻を修了する必要がある。指定大学院には専門職大学院、1種、2種の3種類があり、専門職大学院および1種指定大学院の場合には修了後すぐに、また2種指定大学院の場合には修了後1年以上の心理臨床経験を経て資格認定試験の受験資格を得ることとなる。

その他、海外の大学院修了者、医師免許取得者などに関する受験資格も設けられているが、今後見直しも予定されているようなので詳細は推薦図書を参照されたい。

認定試験は1次、2次の2段階で実施される。1次試験は臨床心理士の仕事とされる心理査定、心理面接、地域援助、研究調査に加え心理学の基礎、法律・倫理などについての基礎的知識を問う100問の多肢選択形式（マークシート）の筆記試験と、1000文字程度の小論文からなる。また、2次試験は1次試験合格者を対象として口述面接試験が実施されている。筆記試験については過去の試験問題集が出版されているので、興味のある人は手にとって見るのもよいかもしれない。

認定試験合格後、臨床心理士の資格を得ることとなるが、資格取得後も継続的な研修が義務づけられており、5年ごとの更新が必要となる。このように臨床心理士は資格取得も、また資格を維持することもなかなか大変な資格といえよう。

第12章　心理学を役立てる

2　産業カウンセラー

1）資格の概要

　産業カウンセラーは社団法人日本産業カウンセラー協会（以下、産業カウンセラー協会と記す）が認定する資格である。2001年までは当時の労働省（現厚生労働省）が認定する技能審査であり公的資格として位置づけられていたが、現在は厚生労働省の技能審査から除外されたため、産業カウンセラー協会が認定する資格となっている。

　産業カウンセラー協会（1998）は産業カウンセラーの主たる業務を「職場で、心理学的手法によって、勤労者が各自の問題を自ら解決できるように援助すること」としており、文字通り産業界つまり働く人々を対象としたカウンセリングが産業カウンセラーの主な仕事となる。

　カウンセリングが主な仕事とはいえ、組織で働く人を対象とした産業カウンセラーには1対1のカウンセリングにとどまらず、組織そのものへの働きかけも求められる。たとえば、従業員や管理・監督者に向けたメンタルヘルス研修やメンタルヘルス体制づくりのためのコンサルテーション、さらには従業員に向けたソーシャルスキルやコミュニケーションスキルといった、組織における人間関係構築のためのプログラム提供も重要な仕事の1つである。

　また、雇用形態が多様化している近年においては、再就職支援を含めた、働く人の「働きがい」「本当にやりたいこと」を見つめるためのキャリアカウンセリング・キャリア開発の視点も求められている。

2）産業カウンセラーの職場

　産業カウンセラーがその名の通り産業界での心理的援助を目的としていることから、その活動の場は主に企業・組織ということになる。企業が自社内に設置した相談室や健康管理センターが代表的な現場となるだろう。

　また、企業が独自に相談室を抱えることはコスト的な負担が大きいことや、自社内の相談室だと相談内容が上司や同僚に知られるのではないかという不安などがあり、なかなか足を運びづらいというケースがあることから、企業が福利厚生の一貫として外部の相談機関と委託契約する場合もある。そうし

た働く人を対象とした民間相談機関なども、産業カウンセラーの活動の拠点となっている。

　臨床心理士の取得を目指している人の多くが心理の「専門家」を志向しているのに対して、産業カウンセラーの取得希望者には人事・労務担当の一般職員や社会保険労務士、人事系経営コンサルタントなどが含まれることも特徴的である。つまり「専門家」として、もっぱらこころの問題に取り組むのみならず、今、携わっている仕事に産業カウンセラーとしての知識や技能を役立てようという人たちである。このような人たちにとっては、いわゆる「相談室」ではなく日常業務を行なっているフィールドがそのまま産業カウンセラーとしての活動の場となる。

3）資格の取得方法

　産業カウンセラー協会の実施する資格試験に合格して資格を取得することとなる。

　試験の受験資格は、①大学で心理学または心理学隣接諸科学を専攻し卒業、②カウンセリングまたは人事労務管理に関する4年以上の実務経験がある、③産業カウンセラー協会が主催する養成講座や通信講座を修了、のいずれかに当てはまることが条件となる。

　試験は筆記試験と実技試験からなり、筆記試験には労務関連法令を含む産業カウンセリング概論、カウンセリングの原理や技法、パーソナリティ理論、職場のメンタルヘルス、事例検討などが出題される。また、実技試験はロールプレイと口述面接が実施されている。

　これら筆記、実技の両試験に合格して資格取得となるが、1次、2次といった段階的な位置づけではなく両方の試験に合格することが求められる。

　なお、産業カウンセラーには「産業カウンセラー」（旧初級産業カウンセラー）と「シニア産業カウンセラー」（旧中級産業カウンセラー）というランクがつけられており、シニア産業カウンセラーを取得するには、より高次の知識や技能を問う試験に合格する必要がある。また、合格後、「産業カウンセラー」の名称を用いて活動するためには産業カウンセラー協会への資格登録が

必要で、登録を維持するためには継続研修が求められる。

試験の詳細については産業カウンセラー協会のホームページを参照されたい。

産業カウンセラーの受験資格は臨床心理士と比較するとハードルが低く思えるが、実際に産業カウンセラーとして活動していくには、職域が産業界であるだけに単に心理学の「知識」だけではなく、人事労務関係の知識や職業人としての「経験」も求められることとなるだろう。

3　精神保健福祉士

1）資格の概要

精神保健福祉士（以下、PSWと記す）は、1997年に成立した「精神保健福祉士法」に基づく国家資格である。最初の資格試験が実施されたのは1999年と比較的新しい資格であるが、精神科ソーシャルワーカーとしての活動を含めると、かなり長い歴史を持つ職業といえる。

PSWは、その名称（PSW：Psychiatric Social Worker）が示すように精神障害を持つ人を対象としたソーシャルワークが仕事となる。精神保健福祉士法では、その業務内容を、精神障害者に対する「社会復帰に関する相談に応じ、助言、指導、日常生活への適応のために必要な訓練その他の援助」と定めている。

具体的には、障害者の医療機関利用から社会復帰まで幅広く個別相談を行なうケースワークや、小集団での作業、レクリエーション、訓練などの活動を通じて障害者の社会化を援助するグループワーク、障害者がよりよく生活できる環境づくりのために地域や行政に働きかけるコミュニティ・オーガニゼーションなどが主な業務である。

さらに、福祉・医療サービスのコーディネートを行なうケアマネジメントなども含まれ、精神障害者の社会復帰に向けて直接的、間接的に活動を行なっている。

PSWは「福祉士」の名が示すように福祉領域の専門職として位置づけら

れる。日本精神保健福祉士協会（2003）も、その仕事を相談援助としながらも「個人の問題に限定して関わるカウンセリングや精神療法とは、同じ精神科の領域をカバーしていても、まったく異なる技法」としており、いわゆるサイコロジストとは区別している。しかしながら、心の問題を取り扱う専門職として心理学と深く関わる仕事であることから、最近では福祉系だけではなく心理系学部・学科にも資格取得に向けたカリキュラムを用意する大学がみられるようになった。

２）精神保健福祉士の職場

PSWの活動するフィールドは大別すると医療機関、精神障害に関連した福祉施設、公的機関の３つに分けられる。

PSWは精神障害者を援助対象としていることから医療機関についてみると、主に精神科の病院・クリニックということとなる。ここでは、受診、入院、退院といった一連の医療の流れに関する相談や説明にとどまらず、家族問題、経済問題、住宅などさまざまな調整、日常生活や心理面での援助といった幅広い相談・援助活動を行なうこととなる。また、精神科リハビリテーションやデイケアの場面ではケースワークに加え、セルフヘルプグループなどさまざまなグループワークに携わっている。

福祉施設については、各種精神障害者社会復帰施設、作業所、グループホームなど、精神障害者が治療生活から社会生活へと自立していくことを支援する施設が活動現場となる。グループワークを中心に障害者が地域生活へと復帰するための各種訓練、指導、教育などが行なわれている。

公共機関における主なフィールドは保健所や精神保健福祉センターが挙げられる。ここでは、精神障害者への支援のみならず、地域住民の精神保健に関する相談や情報提供、デイケアの運営、地域への啓蒙活動、家族会の支援などコミュニティ・オーガニゼーションの視点に立った活動も行なっている。

精神障害者の福祉に従事するPSWであるが、精神の健康に対する関心が高まっている現代において、その活動領域はさらに拡大していくことが期待される。

3）資格の取得方法

　国家資格である PSW を取得するには国家試験に合格する必要がある。

　国家試験の受験資格は大学、短大、養成施設（専門学校）で所定のカリキュラムを履修し卒業していることが条件となるが、卒業する学校によっては実務経験が必要であったり、短期養成施設での学習が必要であったりするため、詳しくは試験の実施機関である財団法人社会福祉振興・試験センターのホームページなどを参照されたい。

　試験は受験資格に必要なカリキュラムに施設実習が必ず含まれることから、筆記試験のみで行なわれ、出題は精神医学、精神保健学、精神科リハビリテーション学、精神保健福祉論、社会福祉原論、社会保障論、公的扶助論、地域福祉論、精神保健福祉援助技術、医学一般、心理学、社会学、法学の13科目からなる。

　PSW は国家資格であることもあり、テキストや参考書、受験対策の問題集など数多く出版されているため、この資格を目指す人は一読してみるのもよいだろう。

4　公認心理師

　暮らしが豊かになる一方で、こころの問題を抱える人が増加傾向にある現代社会においては、心理学の知識や技術を用いて不適応や悩みを抱く人たちを支援するこころの専門家を養成するなどの対策が急務となっている。このような社会情勢をふまえて、こころの専門家に付与される資格の国家資格化がこれまでに何度も検討されてきたが、解決すべき課題が山積していたために、なかなか実現には至らなかった。

　しかし、国家資格化を推し進める多くの方たちの長年にわたる多大な尽力により、2015年9月9日の国会において「公認心理師法案」が可決され、同年9月17日に同法が公布されて日本で最初の心理の国家資格が誕生した。その後、公認心理師法を所管する文部科学省および厚生労働省において施行に向けた準備が行なわれ、2017年9月15日の施行を経て、2018年9月9日

に1回目の国家試験が実施される運びとなった。

ここでは、公認心理師を所管する両省が公開した情報に基づいて、資格の概要と取得方法を記載する。

1）資格の概要

公認心理師とは、心理学に関する高度な専門知識と技能を用いて医療機関、相談施設、学校などで心理士やカウンセラーとしての職業（これを心理職と呼ぶ）に従事しようとする者に取得が求められる国家資格である。具体的には、保健医療、福祉、教育その他の分野において、以下に掲げる行為を行なうことを業とするものを指す。

①心理に関する支援を要する者の心理状態の観察、その結果の分析

②心理に関する支援を要する者に対する、その心理に関する相談および助言、指導その他の援助

③心理に関する支援を要する者の関係者に対する相談および助言、指導その他の援助

④心の健康に関する知識の普及を図るための教育および情報の提供

①〜④は、臨床心理士における資格概要として紹介した臨床心理査定、臨床心理面接、臨床心理的地域援助、調査・研究と似通っているが、当面は2つの資格が併存することが見込まれるので、重複する内容も省略せずに両方に記載した。なお、職場（職域）については、公認心理師と臨床心理士の相違は認められずほぼ同一であるので、ここでは省略した。臨床心理士の項を参照されたい。

2）資格の取得方法

公認心理師になるためには、必要な知識および技能について国家試験（公認心理師試験）を受験し合格する必要がある。受験資格は以下の者に与えられる。

①大学において主務大臣（文部科学大臣および厚生労働大臣）指定の心理学等に関する科目を修め、かつ、大学院において主務大臣指定の心理学等の科目を修めてその課程を修了した者等

②大学で主務大臣指定の心理学等に関する科目を修め、卒業後一定期間の実務経験を積んだ者等

③主務大臣が①および②に掲げる者と同等以上の知識および技能を有すると認めた者

ちなみに、①②の大学において受験資格を得るために修めなければならない指定科目とは、「公認心理師の職責」「心理学概論」「臨床心理学概論」「心理学研究法」「心理学統計法」「心理学実験」「知覚・認知心理学」「学習・言語心理学」「感情・人格心理学」「神経・生理心理学」「社会・集団・家族心理学」「発達心理学」「障害者・障害児心理学」「心理的アセスメント」「心理学的支援法」「健康・医療心理学」「福祉心理学」「教育・学校心理学」「司法・犯罪心理学」「産業・組織心理学」「人体の構造と機能及び疾病」「精神疾患とその治療」「関係行政論」「心理演習」「心理実習」の25科目である。

今後、公認心理師の受験資格取得を目指す者は、受験資格に対応したカリキュラムを有する大学および大学院において指定科目を修めてその課程を修了するか、大学で指定科目を修めて卒業した後、一定期間の実務経験を積む必要がある。公認心理師およびその受験資格に関する詳細については、章末に記載した「資格関連のホームページ」を参照されたい。

5　心理の資格の意図と問題

心理の専門職としての職務は、組織であれ、個人であれ、利用者に心理学の知識や技術を活かしたサービスを提供することにある。

利用者の立場からすれば、たとえば、物を買う時にしっかりとした商品知識のある人に説明を受けて買いたいと思ったり、病気になった時に腕のいい医師に診てもらいたいと思うのと同じように、こころの問題についてもちゃんとした専門知識を持った人に相談したいと思うのは当然のことといえる。むしろ、「こころ」という目に見えない問題だからこそ、きちんとした教育や訓練を受けた人に相談したいと思うのではないだろうか。

そうした時に心理の資格は、利用者が安心してサービスを受けるための1

つの目安となるだろう。つまり、心理の資格を持つことは、利用者に専門的知識や技術を習得していることを示す証しとなりうるのである。

現状においては、冒頭で述べたように数多くの心理あるいはカウンセラーの資格が発行されている。今回紹介した

表12-3　学会の認定する資格（順不同）

学会	認定資格
日本心理学会	認定心理士
日本応用心理学会	応用心理士
日本カウンセリング学会	認定カウンセラー
日本行動療法学会	行動療法士
日本教育心理学会	学校心理士
日本発達心理学会	臨床発達心理士
日本学校教育相談学会	学校カウンセラー
日本健康心理学会	健康心理士

4つの資格以外で学術団体（学会）が認定している資格をいくつかまとめたのが表12-3である。

これらに加え、NPOなど各種法人、民間企業の発行する資格を加えると把握しきれないほどの資格が発行されている。このような資格には長期の研修を経て取得できるものから、数日の講習を受けるだけで発行されるものまでさまざまである。中には、あたかも公的資格であるがごとく示されているものもあり、いわゆる「士（さむらい）商法」の材料とされている観も否めない。

これでは、本来専門性の目安となるべき資格が、かえって利用者を混乱させることになるのではないだろうか。

こうした現状の中で心理学を学ぶみなさんに望むことは、まず資格のために学ぶのではないことを意識してもらいたいということである。そして、資格取得を目指すにしても誰のために、何をしたくて、その資格を目指すのかという問題意識を持って学んでいってもらいたい。

資格関連のホームページ
日本臨床心理士資格認定協会：http://www.fjcbcp.or.jp/
日本産業カウンセラー協会：http://www.counselor.or.jp/
日本精神保健福祉士協会：http://www.japsw.or.jp/

第 12 章 心理学を役立てる

公認心理師（厚生労働省）：http://www.mhlw.go.jp/stf/seisakunitsuite/bunya/0000116049.html

推薦図書

安西信雄・高橋　一編（1999）「特別企画　精神保健福祉士」『こころの科学 88』日本評論社

日本臨床心理士資格認定協会監修（2017）『新・臨床心理士になるために』（平成 29 年版）誠信書房

日本臨床心理士資格認定協会監修（2018）『臨床心理士資格試験問題集 4　平成 26 年～平成 28 年』誠信書房

日本産業カウンセラー協会編（2012）『産業カウンセリング　産業カウンセラー養成講座テキスト』日本産業カウンセラー協会

日本精神保健福祉士協会監修（2003）『精神保健福祉士まるごとガイド』（まるごとガイドシリーズ 16）ミネルヴァ書房

高島徹治（1998）『産業カウンセラーの仕事』同文舘

人名索引

ア行

アイゼンク（H. J. Eysenck）　88,91,202
アッシュ（S. E. Asch）　135,160
アトキンソン（R. C. Atkinson）　118
アドラー（A. Adler）　8,208
アリストテレス（Aristoteles）　3,77
アロンソン（N. H. Aronson）　145
アロンソン（V. Aronson）　144
安藤寿康　55,82-3
池上知子　142
岩本隆茂　205
ヴィゴツキー（L. S. Vygotsky）
　　56,112,127
ウェクスラー（D. Wechsler）　129,131
ウェルトハイマー（M. Wertheimer）　6,23
ウォルスター（E. Walster）　144
ウォルピ（J. Wolpe）　202
内山喜久雄　202
ヴント（W. M. Wundt）　4
エイブラハム（D. Abrahams）　144
エインスワース（M. Ainthworth）　61
エビングハウス（H. Ebbinghaus）　119-20
エムディ（R. Emde）　59
エリクソン（E. H. Erikson）
　　57,65,74,176,209
エルンスト（B. Ernst）　24
大木秀一　55
大西彩子　154
大山正　18,20,24,27-8,44
オルポート（G. W. Allport）　42,79,87
岡隆　142
岡村達也　210
岡本祐子　71-2
押見輝男　165
落合良行　68-9
小野寺敦子　66

カ行

ガードナー（H. Gardner）　131
カートライト（D. Cartwright）　158
カーネマン（D. Kahneman）　125
ガザニガ（M. S. Gazzaniga）　128
カッツ（D. Katz）　140
加藤義明　9-10
鹿取廣人　28
カニッツア（G. Kanizsa）　23-4
ガレノス（Galenus）　89
川瀬正裕　199
キヴニック（H. Q. Kivnick）　74
北崎充晃　24
ギブソン（E. J. Gibson）　28
ギブソン（J. J. Gibson）　27-8
木舩憲幸　142
キャッテル（R. B. Cattell）　88,132
キャノン（W. B. Cannon）　39,50
キューブラー・ロス（E. Kubler-Ross）　74
ギルフォード（J. P. Guilford）　128,130
クレイク（F. I. M. Craik）　120
クレッチマー（E. Kretschmer）　86
クロニンジャー（C. R. Cloninger）　84
ケーラー（W. Köhler）　6,113
ゲゼル（A. L. Gesell）　56
ケンドラー（H. H. Kendler）　111-2
ケンドラー（T. S. Kendler）　111
ゴールドバーグ（L. R. Goldberg）　88
コールバーグ（L. Kohlberg）　63-4
國分康孝　197
コスタ（P. T. Costa, Jr.）　91
児玉省　130
小林篤子　72
コフカ（K. Koffka）　6

サ行

サーストン（L. L. Thurstone）　129-30

人名索引

ザイアンス（R. B. Zajonc）	144, 165
酒井厚	69
佐治守夫	196
佐藤達哉	142
佐藤方哉	105
佐藤有耕	68-9
サメロフ（A. Samerof）	59
サラパテク（P. Salapatek）	26
サリヴァン（H. S. Sullivan）	65, 209
沢崎達矢	197
ザンダー（A. F. Zander）	158
シーグラー（R. S. Siegler）	22
ジェームズ（W. James）	50
シェルドン（W. H. Sheldon）	86
品川不二郎	130
シフリン（R. M. Shiffrin）	118
下条信輔	25
下斗米淳	143
シモン（T. Simon）	130
シュテルン（W. Stern）	130
白樫三四郎	159
末永俊郎	165
菅野幸恵	72
菅原ますみ	55, 74
スキナー（B. F. Skinner）	5, 104-5
鈴木公啓	89
スターン（D. Starn）	59
スタンバーグ（R. J. Sternberg）	131
スティーブンス（S. S. Stevens）	86
スナリー（J. Snarey）	63
スピアマン（C. Spearman）	129
セリグマン（M. E. P. Seligman）	106
ソーンダイク（E. L. Thorndike）	104, 112, 125

タ行

ダーウィン（C. Darwin）	3, 96
ターナー（J. C. Turner）	154
田上不二夫	202
多川則子	69
田口真二	172
詫摩武俊	78, 83-4
タジウリ（R. Tagiuri）	137
タジフェル（H. Tajfel）	154-5
田中熊次郎	65
ダラード（J. Dollard）	180
タルヴィング（E. Tulving）	120
テオプラストス（Theophrastus）	77
トヴァスキー（A. Tversky）	125
トールマン（E. C. Tolman）	5
トンプソン（P. Thompson）	29

ナ行

ニルソン（L. Nilsson）	58

ハ行

バークリー（G. Berkeley）	26
パーテン（M. Parten）	64
バード（P. Bard）	50
バートレット（F. C. Bartlett）	121-2
ハーロウ（H. F. Harlow）	40
バーン（D. Byrne）	144
バーン（E. Berne）	211
パヴロフ（I. P. Pavlov）	3, 98
バッドリー（A. D. Baddeley）	119
バトラー（R. A. Butler）	40
林文俊	137
ハル（C. L. Hull）	5, 106
ハンバーガー（L. Hamberger）	58
繁多進	60, 72
バンデュラ（A. Bandura）	110-1, 180
ピアジェ（J. Piaget）	62-3
ビネー（A. Binet）	130
平木典子	206, 210
廣田君美	152
ファンツ（R. L. Fantz）	19, 59
フィードラー（F. E. Fiedler）	159
フェヒナー（G. T. Fechner）	17
藤崎春代	28
ブリッジェス（K. M. B. Bridges）	49
古市憲寿	189
ブルーナー（J. S. Bruner）	137

プルチック（R. Plutchik）	48-9	森田洋司	177-8
フロイト（S. Freud）	7,179,201		
プロミン（R. Plomin）	55	ヤ 行	
ベック（A. T. Beck）	205	ヤーキース（R. M. Yerkes）	98
ベネディクト（R. Benedict）	184	山岸俊男	178
ヘリング（E. Hering）	21	山本利和	63
ヘルムホルツ（H. Hermholtz）	21	ヤング（T. Young）	21
ヘロン（W. Heron）	39	ユング（C. G. Jung）	8
ボウエン（M. Bowen）	208	吉川佐紀子	29
ボウルビィ（J. Bowlby）	61	吉田俊和	69,154
ホヴランド（C. I. Hovland）	138-9		
ボーンスタイン（M. H. Bornstein）	23	ラ 行	
保坂亨	210	ラング（R. Langs）	202
襲岩秀章	206	ランゲ（C. G. Lange）	50
		リンダー（D. Linder）	145
マ 行		ルドゥ（J. E. LeDoux）	128
マーシャ（J. E. Marcia）	65-6,209	ルビン（E. Rubin）	23
眞榮城和美	66	レイナー（R. Rayner）	101
前田重治	46,201	レヴィン（K. Lewin）	6,44,156
マズロー（A. H. Maslow）	42	レスコーラーワグナー（Rescrla-Wagner）	
松井洋	182-3,184,189		101
松井豊	78	ローゼンバーグ（M. J. Rosenberg）	138-9
マクレー（R. R. McCrae）	91	ローレンツ（K. Lorenz）	179
松田隆夫	20	ロジャース（C. R. Rogers）	198
ミシェル（W. Mischel）	89	ロス（D. Ross）	110
三隅二不二	157-8	ロス（S. A. Ross）	110
三戸サツヱ	97	ロック（J. Locke）	58
宮城音弥	80-1	ロットマン（L. Rottman）	144
ミルグラム（S. Milgram）	162		
向田久美子	19,26	ワ 行	
メイザー（J. E. Mazur）	109	和田万紀	44
モーグリス（S. Morgulis）	98	ワトソン（J. B. Watson）	5,101,105
モスコビッチ（S. Moscovici）	161	ワラス（G. Wallas）	128
モリス（C. G. Morris）	36		

事項索引

ア 行

アイスブレーカー機能	92
愛着理論（アタッチメント理論）	61
アイデンティティ（自我同一性）	65, 176
アサーション	210
アサーション・トレーニング	210
暗黙裡の性格観	137
意識	8
意識心理学	4
いじめ	176
一次的欲求	38
遺伝	54, 80-1, 83
イド	8
意味記憶	119
web 調査	90
うつ病	194
栄光浴	148
S-O-R 説	5
SCT（文章完成法）	91
エピソード記憶	119, 208
MPI	91
横断的研究	54
大きさの恒常性	27
置き換え	180
奥行き知覚	27
オペラント条件づけ	104
思いやり	184

カ 行

絵画療法	204
外的帰属	147
外発的動機	38
回避－回避型葛藤	45
快楽原理	8
カウンセラー	197
カウンセリング	196
顔知覚の方向特異性	29
拡散	66
拡散的思考	128
学習心理学	95
学習性無力感	43, 56, 106
課題達成機能	158
カタルシス	179
葛藤	44
家庭裁判所調査官	212
カテゴリー化	140
カラーコーディネーター	216
感覚（sensory）	17
感覚運動期	62
感覚記憶	118
感覚遮断	39
環境	54, 80, 83
観察学習	111
観察法	54, 90
感情	48
干渉説	120
感性動機	39
気質	81
機能的固着	125
機能的自律性	42
気分	48
気分障害	194
基本情動	48
基本的信頼	59
基本的欲求	42
きめの勾配（texture gradient）	27
キャノン・バード説	50
キャリア開発	221
鏡映的自己	146
強化	98
──スケジュール	109
共感	184
恐怖症	102
近接性	143, 145
具体的操作期	63

クライエント	197	コミュニティ・オーガニゼーション	223
——中心療法	198, 201	コラージュ療法	204
グループワーク	223	混色（color mixture）	21
ケアマネジメント	223		
形式的操作期	63	サ　行	
芸術療法	201, 204	罪悪感	183
系統的脱感作法	202	錯視（illusion）	24
系列位置効果	119	差別	142
ケースワーク	223	産業カウンセラー	221
ゲシュタルト心理学	6, 126	3色説	21
ゲシュタルト要因	23	GSR（皮膚電気反射）	99
結晶性知能	132	恣意性	127
欠乏欲求	42	ジェームズ・ランゲ説	50
幻覚	194	ジェノグラム（家族関係図）	209
言語相対性仮説（サピア＝ホワーフ仮説）		ジェンダー（心理社会的）アイデンティティ	
	127		67
検索	117	自我（エゴ）	8
——失敗説	120	視覚（visual perception）	18
検査法	54	——的断崖	28
現実原理	8	自我状態	211
減衰説	120	自我同一性地位	209
合意による確認（consensual validation）		自我同一性の確立　対　自我同一性の拡散	
	210		65
好意の獲得－損失効果	145	刺激－反応説（S-R理論）	5
好意の返報性	145	刺激欲求	39
好奇動機	39	自己	134, 145, 147-8
攻撃性	179	——意識	148
攻撃的自己表現	210	——開示	148
交差的交流	211	——概念	146-7
恒常性（constancy）	28	——実現の欲求	42
行動遺伝学（behavioral genetics）	85	——主張訓練法	210
行動主義心理学	4	——呈示	148
行動の一貫性	90	——の形成因	146
行動療法	102, 201-2	——分化度	208
公認心理師	225	試行錯誤学習	103
交流分析（TA）	211	自尊感情	146-8
コーチング（coaching）	214	実験法	13, 54
コーホート研究	54	質問紙法	90
個人心理学	208	死の本能	179
個人的親しみやすさ	137-8	支配欲求	41
古典的条件づけ	98	社会心理学	133

事項索引

社会的アイデンティティ理論	154
社会的行動	133-4, 147-8
社会的勢力	164
社会的促進	164
社会的態度	134
社会的望ましさ	137-8
社会的比較	146-7
社会的抑制	165
社会的欲求	38
習慣的性格	81
収束的思考	128
集団維持機能	158
集団規範	154
集団凝集性	153
縦断的研究	54
周辺的特性	136
自由連想法	202
主観的輪郭（subjective contour）	23
熟年離婚	73
出生順位	208
順応（adaptation）	21
消去	99
条件反射	98
情緒応答性	59
情動	35
情動調律	59
情動の末梢起源説	50
承認欲求	41
初頭性効果	119
処理水準説	120
自律性 対 恥、疑惑	62
人格障害	192
進化論	96
新近性効果	119
神経症	192
新行動主義心理学	4-5
新相互作用論	90
身体的魅力	144-5
親密さ 対 孤立	70
心理辞書的研究	87
心理社会的モラトリアム	209
心理尺度	91
心理職	212
心理的離乳	67
心理療法	197
親和欲求	41
水晶体	18
スーパーエゴ（超自我）	8
図地反転図形	23
ステレオタイプ	134, 138, 140-2
――的認知	140-1
ストーカー	180
図と地（figure and ground）	23
ストレンジ・シチュエーション法	61
性格（character）	79-80, 83
生産性	127
生産性 対 劣等感	65
成熟	56
生殖性 対 停滞	71
精神障害	192
精神病	192-3
精神分析学	7
精神分析的心理療法	202
精神分析療法	201
精神保健福祉士	223
性経験	188
成長欲求	42
生の本能	179
生理的欲求	38
世界観	189
積極性 対 罪悪感	62
接近－回避型葛藤	45
接近－接近型葛藤	44
接触動機	39
セラピスト	201
セルフ・ハンディキャッピング	147
宣言的記憶	120
前操作期	62
躁うつ病	194
躁病	194
相補性	145
相補的交流	211

タ 行

対人関係論	209
対人認知	134-6
対人魅力	134, 143, 145
──を規定する要因	143
態度	138-140
──の機能	140
──の3成分	139
多因子説	130
多重知能理論	131
達成欲求	41
短期記憶	118
単純接触効果	144
知覚（perception）	17
──心理学	17
知能指数	130
チャム・グループ	210
中心的特性	136
中枢起源説	50
長期記憶	118
調査法	14, 54
超自我	179
調節（accommodation）	27
貯蔵	117
TCI（Temperament and Character Inventory）	85
TAT（主題統覚検査）	208
テスト法	15
手続的記憶	120
転位性	127
同一性	209
──地位判定尺度	209
動因（drive）	36, 106
投影法	90
動機（motive）	35
動機づけ	35
統合志向	66
統合失調症	193
統合性 対 絶望	73
洞察	126
同調	160
特性	87
特性論	87

ナ 行

内観法	4
内的帰属	147
内発的動機	38
仲間体験（chumship）	209
ニート（NEET）	67, 188
2因子説	130
二次的欲求	38
人間―状況論争	90
認知行動療法	201, 204
認知のゆがみ	205
認知療法	205
NEO-Five Factor Inventory（NEO-FFI）	91

ハ 行

パーソナリティ（personality）	77-80, 85
──認知の基本次元	137
──の形成	85
──の形成要因	81, 83
──の測定法	90
──の理論	85
──理論	84
バウム・テスト	91
箱庭療法	204
恥	184
罰	105
発達課題	57
発達の最近接領域	56
汎化	100
犯罪	170
反社会的行動	169
反対色説	21
PM理論	157
ピーターパン・シンドローム	70
ひきこもり	186
非行	174

非社会的行動	169
非主張的自己表現	210
BIG FIVE	88-9
ヒューリスティックス	125
フォークロージャー	66
服従	162
輻輳 (convergence)	27
符号化	117
不登校	185
フラストレーション	180
フラストレーション耐性	47
フリーター	188
プログラム学習	108
ブロッキング効果	101
ペルソナ (persona)	78
偏見	134, 138, 140, 142
弁別	100
防衛機制	46
傍観者	178
法務技官	212
法務教官	212
ポッケンドルフの錯視	24
ホメオスタシス	39
ポンゾの錯視	24

マ 行

未分化自我集塊	208
ミュラー・リヤーの錯視	24
無意識	8, 201
迷信	106
面接法	54, 90
妄想	194
網膜	18
網膜像	19
モデリング	111, 181
モラトリアム	66

ヤ 行

役割行動	146
役割性格	81
やりとり分析	211
誘因 (incentive)	37
抑圧説	120
欲求 (need)	35
欲求階層理論	42
欲求不満 (frustration)	43
欲求不満耐性	47

ラ 行

ライフサイクル論	209
ライフスタイル	208
ラポール	198
リーダー	155
リーダーシップ	155
力本性	137-8
利己的帰属	147
リハーサル	118
Revised NEO Personality Inventory (NEO-PI-R)	91
裏面的交流	211
流動性知能	132
両眼視差 (binocular parallax)	27
臨床心理査定	218
臨床心理士	217-20
臨床心理的地域援助	218
臨床心理面接	218
類型 (タイプ)	85
類型論	85-7
類似性	144
類似性魅力仮説	144
ロールシャッハ・テスト	91

ワ 行

ワーキングメモリ	119

■執筆者紹介

坪井　寿子　　学習院大学大学院人文科学研究科博士後期課程中途退学。現在、東京未来大学こども心理学部教授。
　　主な著書・論文；『子ども心理学入門』（共著）北樹出版、2004年。『自己理解のための青年心理学』（共著）八千代出版、2004年。

眞榮城和美　　白百合女子大学大学院文学研究科博士課程修了。現在、白百合女子大学人間総合学部発達心理学科准教授。
　　主な著書・論文；「児童・思春期における自己評価の構造」東京国際大学大学院社会学研究科、応用社会学研究紀要第10号、2000年。「児童期における自己評価と親子相互作用―『意見尊重的態度』に関する分析から―」性格心理学研究、第10巻第1号、2001年。

永房　典之　　東洋大学大学院社会学研究科博士課程修了。現在、淑徳大学人文学部教授。
　　主な著書・論文；『なぜ人は他者が気になるのか？―人間関係の心理』（編著）金子書房、2008年。「厚生施設入所児の公衆場面における行動基準に関する研究」（共著）心理学研究、第83巻第5号、2012年。

鈴木　公啓　　東洋大学大学院社会学研究科博士後期課程修了。現在、東京未来大学こども心理学部准教授。
　　主な著書・論文；「パーソナリティ心理学―全体としての人間の理解」（共訳）培風館、2010年。『パーソナリティ心理学概論』（編著）ナカニシヤ出版、2012年。

三浦　正樹　　京都大学大学院教育学研究科博士後期課程単位取得退学。現在、芦屋大学臨床教育学部教授。
　　主な著書・論文；『脳と教育』（共著）朝倉書店、1997年。『日常生活からの心理学入門』（共著）教育出版、2001年。『はじめての教育心理学』（共著）八千代出版、2003年。

西迫成一郎　　関西大学大学院社会学研究科博士課程後期課程単位取得退学。現在、相愛大学人文学部人文学科准教授。
　　主な著書・論文；『社会心理学の基礎と展開』（共著）八千代出版、2003年。「社会的不公正事態の類型化および社会的不公正事態にともなう感情の分析」（共著）心理学研究、第81巻第6号、2011年。

伊藤嘉奈子　　千葉大学大学院教育学研究科修士課程修了。現在、鎌倉女子大学児童学部子ども心理学科教授。
　　主な著書・論文；『子ども心理学入門』（共著）北樹出版、2004年。『無気力な青少年の心』（共著）北大路書房、2005年。『子ども心理学の現在』（共著）北樹出版、2012年。

瀬尾　直久　　青山学院大学大学院文学研究科心理学専攻博士課程単位取得済退学。元東京・大学院予備校常勤講師、元東洋大学社会学部非常勤講師。2013年逝去。
　　主な著書・論文；『図解雑学　身近な心理学』ナツメ社、2002年。

堀内　勝夫　　東洋大学大学院文学研究科教育学専攻修士課程修了。現在、(学)産業能率大学総合研究所。
　主な著書・論文：『性格心理学ハンドブック』（共著）福村出版、1998年。『社会心理学の基礎と展開』（共著）八千代出版、2003年。「共創型技術開発マネージャーのマネジメント行動に関する分析的視点」（共著）産能短期大学紀要第31号、1997年。「BPA尺度構築の試み」（共著）産業組織心理学研究、2002年。

石井　隆之　　東洋大学大学院文学研究科教育学専攻修士課程修了。現在、日本・精神技術研究所心理測定事業部判定員。
　主な著書・論文：『異質な日本の若者たち』（共著）ブレーン出版、1997年。『性格研究の技法』（共著）誠信書房、1999年。

■編著者略歴

中里至正（なかさと　よしまさ）

1935年生まれ　北海道出身
青山学院大学大学院修了　社会学博士
東洋大学名誉教授
主な著書
『日本の若者の弱点』（共著）毎日新聞社、1999
『日本の親の弱点』（共著）毎日新聞社、2003
『インテリ公害』（共著）グラフ社、2010

松井　洋（まつい　ひろし）

1950年生まれ　東京都出身
青山学院大学大学院修了
川村学園女子大学名誉教授
主な著書
『心理学の探求88』（共編著）ブレーン出版、1988
『異質な日本の若者たち』（共編著）ブレーン出版、1997
『日本の親の弱点』（共著）毎日新聞社、2003
『自己理解のための青年心理学』（共編著）八千代出版、2004

中村　真（なかむら　しん）

1967年生まれ　沖縄県出身
東京都立大学大学院博士課程満期退学
現在　江戸川大学社会学部教授
主な著書
『社会心理学入門　自己・他者そして社会の理解のために』（共著）福村出版、1997
『現代のエスプリ 384 偏見とステレオタイプの心理学』（共著）至文堂、1999
『社会心理学の基礎と展開』（共編著）八千代出版、2003
『未来をひらく心理学入門』（共著）八千代出版、2007
『人間関係の心理学』（共著）おうふう、2010

新・心理学の基礎を学ぶ

2013年 4月15日　第1版1刷発行
2024年 3月15日　第1版7刷発行

編著者 ── 中里至正・松井　洋・中村　真
発行者 ── 森口恵美子
印刷所 ── 壮光舎印刷㈱
製本所 ── ㈱グリーン
発行所 ── 八千代出版株式会社

〒101-0061　東京都千代田区神田三崎町 2-2-13
TEL　03-3262-0420
FAX　03-3237-0723
振替　00190-4-168060

＊定価はカバーに表示してあります。
＊落丁・乱丁本はお取り替えいたします。

© 2013 Printed in Japan
ISBN 978-4-8429-1602-6